Thiago Mazucato

Ideologia e utopia
de Karl Mannheim
o autor e a obra

Prefácio de
Vera Alves Cepêda

DIREÇÃO EDITORIAL:
Marcelo C. Araújo

REVISÃO:
Thiago Figueiredo Tacconi

COMISSÃO EDITORIAL:
Avelino Grassi
Edvaldo Araújo
Márcio Fabri dos Anjos

DIAGRAMAÇÃO:
Bruno Olivoto

CAPA:
Tatiane Santos de Oliveira

COPIDESQUE:
Ana Rosa Barbosa

© Ideias & Letras, 2014.
Série Pensamento Dinâmico

EDITORA
IDEIAS&
LETRAS

Rua Diana, 592, conj. 121
Perdizes – São Paulo / SP
Cep: 05019-000
Fone: (11) 3675-1319
vendas@ideiaseletras.com.br
www.ideiaseletras.com.br

Dados Internacionais de Catalogação na Publicação (CIP)
(Câmara Brasileira do Livro, SP, Brasil)

Mazucato, Thiago
Ideologia e utopia de Karl Mannheim: o autor e a obra
Prefácio de Vera Alves Cepêda.
São Paulo: Ideias & Letras, 2014.
Série Pensamento Dinâmico

ISBN 978-85-65893-64-0

1. Ideologia 2. Mannheim, Karl, 1893-1947
3. Relacionismo 4. Sociologia
5. Utopia I. Cepêda, Vera Alves. II. Título.

14-08194   CDD-301

Índice para catálogo sistemático:
1. Sociologia   301

Este livro se dedica ao problema de como os homens realmente pensam.
Karl Mannheim, *Ideologia e utopia*

Dedico este livro ao grande amigo Jonas Ribeiro
e à professora Vera Alves Cepêda

Índice

Prefácio (*Vera Alves Cepêda*) | 9

1. Introdução | 17

2. O autor – aspectos da trajetória intelectual de Karl Mannheim | 27
   2.1 – A biografia e o contexto intelectual e político de Mannheim | 31
   2.2 – Principais temas de sua produção intelectual | 40

3. A obra – *Ideologia e utopia* como obra paradigmática | 53

4. O momento alemão – a versão original de 1929 | 61
   4.1 – O conceito central de ideologia | 64
   4.2 – As mentalidades utópicas | 75
   4.3 – A Ciência da Política | 80

5. O momento inglês – a obra publicada em 1936 | 89
   5.1 – A Sociologia do Conhecimento de Karl Mannheim – seu estado em 1931 | 92
   5.2 – Um esboço da disciplina para o público de língua inglesa em 1936 | 98

Mais algumas palavras | 107
Referências bibliográficas | 115

Prefácio

Vera Alves Cepêda
Professora do Programa de
pós-graduação em Ciência
Política e do departamento de
Ciências Sociais da UFSCar

Prefácio

Karl Mannheim é um autor fundamental na construção das balizas da sociologia e da teoria social e participou diretamente de importantes círculos intelectuais nos quais essa tarefa se realizou. Sua obra é extensa e complexa – não pela simples contagem numérica de títulos, mas pela dificuldade dos temas envolvidos em suas análises e pelo legado deixado. Um dos traços fundamentais de sua produção intelectual, que merece especial destaque, é o enfrentamento da delicada questão da elaboração de um método objetivo, rigoroso e eficiente para o desvendamento da realidade social em um momento histórico em que se reconheceu a potência do progresso e a constante mutação das estruturas societárias. Afinal, desde o surgimento da percepção antropocêntrica que marca o mundo moderno, estabeleceu-se como dilema do conhecimento criar mecanismos que pudessem dar conta de uma realidade imersa na história, com deslocamentos e transformações permanentes. Do ponto de vista das tarefas da razão e do conhecimento científico, como lidar com um cenário que muda o tempo todo, resultando da ação e interação de inúmeros sujeitos, sem recair em soluções metafísicas e apriorismos incapazes de absorver a dinâmica da mudança e as diferentes motivações sociais? Pior, como superar o problema das variadas visões de mundo presentes na concepção da ideologia, elemento que contamina toda forma de explicação sob o signo da falsidade, alienação e inconsciência?

Mannheim, como outros importantes autores da sua época – Alfred Weber, Max Weber, Georg Lukács, Antonio Gramsci –, preocupou-se com a contraditória situação da "interpretação social dos fenômenos sociais" a partir do reconhecimento da ciência que "emerge também do tecido social" e que, portanto, pode ter limitações graves quanto à sua neutralidade e objetividade. Afinal, uma ciência feita por homens, produto do seu tempo histórico, pode estar acima deles e construir mais que opinião, senso comum ou interesse não explicitado? Esse dilema origina-se no fato de que, diferentemente das ciências da natureza, o estudo das formas culturais e da vida social não consegue isolar e neutralizar a percepção e os valores do pesquisador (sujeito) no escrutínio que executa sobre o objeto da vida social a qual (também e ironicamente) pertence. Com fronteiras tão fluídas, essa questão implica condições de possibilidade efetiva e rigorosa de explicações sólidas sobre o mundo social.

De maneira muito geral e rápida, delineamos dois dos principais problemas de pesquisa, no horizonte mannheimiano: os impasses sobre o método seguro para o estudo da sociedade e o papel dos intelectuais (camada perita a quem se delegou o poder legítimo de interpretar a realidade no mundo moderno e que é encarada, a rigor, com suspeição). Nos postulados de Mannheim o exercício do ofício intelectual e a realidade social não podem ser apartados, pois originam-se no mesmo emaranhado social e histórico, parecendo sempre em íntima e complexa interação –, embora com funções diferentes. Por um lado, a realidade social produz-se e traduz-se como expressão simbólica – como pensamento socialmente constituído, nas suas formas ideológicas e utópicas. De outro lado, o intelectual somente consegue exercer sua função de conhecimento neutralizando, através da ferramenta do método e do treinamento especializado, as armadilhas de sua origem social e das visões de mundo a ela correspondente. Esse é o delicado problema, entendido e criticado muitas vezes como o do intelectual "acima das classes". Note-se, porém, que esse treino especializado, próximo da exigência de neutralidade e objetividade pedida também por Max Weber, é contrabalançado na teoria mannheimiana por uma perspectiva inédita da ação do intelectual – a da síntese.

Mannheim aponta, de maneira genial, dois aspectos da origem social de todas as ideias e, correspondentemente, das bases de toda ação humana. A primeira é que o pensamento socialmente constituído não é expressão da ação social (como uma fotografia *ex post*), mas sua parte constituinte – os indivíduos apreendem uma herança social, geracional, que os auxilia como uma gramática e um léxico a olhar e intervir no mundo e que pode ser ressignificada e alterada ao longo da vida dos grupos sociais. Essa dimensão corresponderia à afirmação do pensamento social como uma ontologia social, como uma concepção teórica. A segunda dimensão implica na produção de técnicas e métodos capacitados a observar e compreender a realidade social – a detecção das utopias e ideologias correspondem a um eficaz mecanismo de desvendamento da dinâmica social – em sua gênese, modificação, enquanto expressão das partes (grupos, classes, situações, segmentos) e da configuração global. Mas há uma distinção metodológica importante quanto aos conceitos de utopia e ideologia – sua condição parcial ou total. O ponto central é que os indivíduos e grupos concretos constituem-se e expressam-se por meio de formulações discursivas (ideias, valores, lógicas e gramáticas), oscilando entre ideologia e utopia parciais conflitantes. Mas a sociedade, em sua perspectiva macro, é um emaranhado dessas formulações concorrentes e que chegam a algum tipo de equilíbrio, enquanto ideologias totais, que somente poderá ser percebido na síntese das diferentes perspectivas e pontos de vista, enquanto uma constelação social. O intelectual, independentemente de qual grupo social é originário, é o único em sua *expertise* e função que pode compreender e explicitar a realidade e o momento de uma dada sociedade pelo exercício de observação e detecção das diferentes visões de mundo em concorrência, ultrapassando-as (porque são partes e não o todo) pela síntese de uma moldura ou desenho geral – uma configuração social.

Um desdobramento dessa capacidade de simultaneamente observar as particularidades dos grupos sociais através de suas formas expressivas e dispô-las em quadros sintéticos gerais (que capturam os fluxos dinâmicos do conflito social), é permitir que a ciência possa auxiliar na tarefa de transformação social. Essa é a função social do conhecimento e a base da transformação de grupos intelectuais em *intelligentsia*.

Os temas presentes na obra de Karl Mannheim continuam e continuarão atuais enquanto apostarmos na possibilidade da compreensão e explicação dos fenômenos sociais. O legado mannheimiano é fundamental para compreensão do delicado problema do pensamento social e da poderosa ferramenta de sua compreensão pela Sociologia do Conhecimento. Contribui também, e fortemente, para uma mudança da percepção e significado do termo ideologia – não mais falsidade ou erro, mas uma das formas sociais por excelência.

Este livro constitui uma importante contribuição na apresentação geral da produção intelectual do sociólogo alemão. Mazucato se preocupa em apresentar a trajetória de Mannheim em conexão com seu tempo histórico, utilizando o método do autor sobre si mesmo, ao indicar o contexto e os nexos históricos presentes na produção social do pensamento mannheimiano. Os capítulos sobre o momento alemão e o momento inglês revelam as mudanças e os pontos de inflexão no conjunto das preocupações do autor, em especial o amadurecimento das bases de sua Sociologia do Conhecimento. São destacados e analisados com maior profundidade dois conceitos-chave: ideologia e utopia, termos que perfazem o título da obra mais famosa e mais importante do autor, e também a derivação – quase inevitável na lógica proposta por Mannheim de uma ciência dotada de capacidade de transformação – para o domínio da ação política.

O ganho da leitura advém da apresentação da trajetória, obra e argumentos centrais na tese mannheimiana, que permitirão ao leitor iniciar a viagem pelo continente da produção intelectual desse expressivo e atual sociólogo.

1. Introdução

1. Introdução

A escolha de um objeto de estudo costuma trazer as marcas de nossas opções pessoais e das nossas experiências de vida. Em minha formação deparei-me com Karl Mannheim logo no início de minha trajetória acadêmica e desde então tenho me debruçado sobre pesquisas que abarcam sua obra (ideias, conceitos, teses), a circulação e recepção de suas teses em outros ambientes intelectuais – distanciados não apenas no tempo e no espaço, mas também em contextos históricos específicos e com trajetórias políticas distintas (como é o caso, por exemplo, da circulação das obras de Mannheim no Brasil nas décadas de 1950 a 1970 por Florestan Fernandes).

Uma primeira constatação comum a todos que estudam a obra do autor é justamente sua densidade e envergadura, devido principalmente ao fato de que suas principais ideias e conceitos perpassam por várias áreas do saber, como a Filosofia, a Sociologia, a Economia, a História, a Psicologia e a Ciência Política. Se somarmos a esse escopo de áreas a diversidade de tradições de pensamento com as quais Mannheim debate, entre as quais poderíamos mencionar o marxismo, o historicismo, o positivismo e a filosofia analítica, teremos, então, um cenário de pesquisa ainda mais complexo.

Várias são as possibilidades de se classificar, no sentido didático de periodizar, a obra de um autor. No caso de Mannheim há alguns estudiosos que a dividem em dois, três ou quatro momentos. Quando a classificação toma como referencial os temas abordados, chega-se a quatro momentos distintos: um primeiro ligado à Filosofia e à Sociologia do Conhecimento, um segundo associado ao tema da planificação, ao que se seguiria um terceiro relacionado a valores, religião e educação e, finalmente, um quarto momento em que trataria de política e poder[1]. Há ainda a possibilidade de classificar a obra de Mannheim de acordo com a produção intelectual realizada nos vários países em que viveu, o que leva a uma divisão da mesma em três momentos – geralmente fala-se em fase húngara, fase alemã e fase inglesa[2]. Por fim, há também trabalhos que classificam a obra de Mannheim tomando como marco o ponto de inflexão teórico mais profundo em sua trajetória (situado no ano de 1933, em que é expulso da Alemanha pelos nazistas), dividindo-a em dois momentos – um anterior e outro posterior ao fato[3].

Para essa breve apresentação da obra de Mannheim, ainda que reconheçamos a validade das três formas de classificação mencionadas, tomaremos como guia a última, uma vez que a obra *Ideologia e utopia* – considerada por muitos intelectuais[4] como o trabalho da

---
[1] Remmling (1975), Turner (1999).
[2] Kettler *et al.* (1989), Rodrigues (2005).
[3] Machado Neto (1956), Cuvillier (1975), Cepêda (2012a).
[4] Fernandes (1970; 1976), Cuvillier (1975), Larrain (1979), Foracchi (1982), Kettler *et al.* (1989), Giddens (1998), Turner (1999), Burke (2003; 2012), Löwy (2010), Cepêda (2012a).

safra mannheimiana de maior circulação e recepção internacional – situa-se exatamente na transição entre esses dois momentos. Contudo, uma informação que já havia encontrado em Florestan Fernandes (1976), David Kettler *et al.* (1989), Bryan S. Turner (1999) e em Michael Löwy (2010) passou a despertar mais a minha atenção: a composição multifacetada da obra *Ideologia e utopia*, seja pelos seus dois momentos de publicação (um na Alemanha em 1929, outro na Inglaterra em 1936), ou ainda pela natureza de seus capítulos (na publicação inglesa foram acrescentados dois capítulos e uma introdução que praticamente dobraram o tamanho original da obra), ou ainda por seu caráter ensaístico (embora composto por vários ensaios escritos em momentos diversos, *Ideologia e utopia* é considerada uma obra integral e não uma coletânea). A intenção de buscar uma explicação para tais fatos que permita ampliar a compreensão dessa obra na trajetória do autor passou a ser o objetivo principal das pesquisas que resultaram neste livro.

A análise de *Ideologia e utopia* poderia ser feita, pelo menos, sob quatro possíveis perspectivas: 1) situando-a na constelação maior das obras de Mannheim; 2) buscando-se compreender seu impacto e a presença em suas obras posteriores; 3) como contribuição de Mannheim para a teoria social geral, e, em particular para a Sociologia do Conhecimento e; 4) ressaltando-se os aspectos metodológicos e epistemológicos nela presentes como ponto de inflexão do autor, refletidos tanto aspectos teórico-conceituais quanto aspectos de sua vida pessoal. Em graus diversos tentaremos conciliar todas essas perspectivas no transcorrer do livro. Todavia, a opção preferencial será pela última, que fornece mais ferramentas de análise para a compreensão da obra nos objetivos a que nos propomos[5].

Portanto, mais do que uma visão ampla que nos permita situar essa obra nos diversos momentos da trajetória do autor, pretendemos localizar, analisar e compreender os deslocamentos teóricos de Mannheim entre a primeira e a segunda versão de *Ideologia e utopia*. Foge aos objetivos deste livro uma análise mais ampla sobre a totalidade da obra de Mannheim. Porém, no primeiro capítulo apresentaremos um panorama de sua trajetória intelectual e que serve como quadro geral para entendermos os diversos movimentos e deslocamentos teóricos do autor e suas conexões diretas com os acontecimentos culturais, sociais e políticos da época.

Em seguida introduziremos a discussão específica sobre o livro *Ideologia e utopia*, na qual apresentaremos diversos dados e fatos que nos permitirão visualizar a importância da obra, em particular, tanto para o conjunto das produções de Mannheim quanto para o debate intelectual (principalmente europeu e norte-americano) do final dos anos 1920 e começo dos anos 1930. Por fim, apresentaremos as características específicas da obra, conforme cada um dos dois momentos de sua publicação aqui abordados.

As fontes adotadas para este estudo constituem-se basicamente nos textos do próprio livro *Ideologia e utopia*[6], central para a nossa análise, e na medida do

---

[5] Utilizaremos alguns referenciais teóricos e metodológicos, entre os quais o da própria Sociologia do Conhecimento, desenvolvido por Mannheim, mas também adotaremos em vários momentos, para essa análise, dos pressupostos metodológicos de Skinner (1996), Pocock (2003), Koselleck (2006) e Brandão (2007).
[6] A primeira edição do livro *Ideologia e utopia* foi publicada no Brasil em 1950 em uma tradução de Emilio Willems. Neste livro adotamos a edição de 1972 publicada pela Jorge Zahar Editora.

possível também nos utilizaremos de outros títulos de Mannheim, bem como de trabalhos – livros e artigos – de comentadores. Para não fugirmos dos objetivos a que nos propomos, não haverá espaço para adentrarmos em várias discussões que sempre se abrem ao percorrer a obra e trajetória de um autor desse quilate. Assim, teremos que nos limitar a apenas citar alguns eixos temáticos de Mannheim, como a Sociologia do Conhecimento[7], a questão da ideologia[8] e a dos intelectuais[9]. Porém, tentaremos incorporar algumas indicações e sugestões de leituras para aprofundamento de estudos na última parte deste livro intitulada "Mais algumas palavras". De modo geral, a bibliografia disponível em língua portuguesa sobre esses assuntos é extremamente escassa, tornando-os pouco acessíveis ao público geral.

Também teremos que nos abster, mais uma vez em respeito aos propósitos desta obra, de entrar nas discussões sobre a circulação e recepção da obra *Ideologia e utopia*, seja no cenário europeu e norte-americano, ou ainda no latino-americano e brasileiro. Contudo, aproveito para registrar aqui algumas análises que considero essenciais para quem desejar ampliar os estudos. Florestan Fernandes (1970; 1976) fez duas valiosas

---

[7] A Sociologia do Conhecimento concebida por Mannheim propunha como objeto de estudo todas as manifestações ideacionais existentes na realidade social, sem se restringir aos conhecimentos científicos ou aos de uma esfera específica da existência. Sobre esse assunto: Cuvillier (1975), Machado Neto (1979), Rodrigues (2005), Berger & Luckmann (2012), Cepêda (2012a).

[8] Ao traçar o panorama histórico do conceito de Ideologia, Mannheim procura diferenciar e distanciar-se da compreensão marxista enquanto falsificação da realidade, elaborando para tal uma definição sociológica de aplicação mais ampla. Sobre esse assunto: Lenk (1971), Larrain (1979), Eagleton (1997), Chauí (2001).

[9] Para uma definição mais ampla do conceito sugerimos consultar o *Dicionário de política* de Norberto Bobbio. Sobre esse tema: Pécaut (1990), Bobbio (1997), Benda (2007), Sartre (1994), Machado Neto (1956; 1968).

sínteses da obra de Mannheim, as quais encontram-se em seus manuais *Ensaios de sociologia geral e aplicada* e *Elementos de sociologia teórica*.

Alejandro Blanco (2009) faz um excelente estudo sobre a circulação de Mannheim na Argentina pela obra de Gino Germani. Além disso, recentemente publicou trabalhos sobre a presença de Mannheim e Weber em pensadores latino-americanos.

No Brasil as teses de Mannheim encontraram acolhida na obra e no pensamento de Florestan Fernandes. Ao citar diversos nomes de pensadores franceses, alemães, ingleses e norte-americanos que teriam sido as influências na formação de Florestan, o sociólogo Octávio Ianni (1989, p. 19) finaliza dizendo que "Entre todos, sobressai Mannheim". As teses mannheimianas da *intelligentsia* e do *planejamento e controle racional* também foram recebidas no Brasil na obra de Celso Furtado[10]:

> Contudo, ainda mais importante do que a sintonia com o sociólogo alemão sobre a natureza do engajamento do intelectual em um partido político, trata-se da própria arquitetura da Sociologia do Conhecimento, muito mais duradoura na reflexão de Furtado, toda uma epistemologia, uma reflexão sobre o papel das ideologias, os determinantes políticos e sociais do conhecimento, a dimensão da utopia, o rigor científico com o próprio pensamento, que vai estruturar o ofício do economista. (LIMA, 2008, p. 29)

---

[10] Sobre a recepção de Mannheim em Celso Furtado. ver também o trabalho de Vera Cepêda (2012b).

Marialice Foracchi escreveu a introdução do volume sobre Mannheim na célebre *Coleção grandes cientistas sociais*, coordenada por Florestan Fernandes, e também publicou trabalhos sobre a Sociologia da Educação de Mannheim. De acordo com Foracchi (1982, p.12), a Sociologia do Conhecimento de Mannheim prepararia o terreno para suas futuras teses de planificação democrática: "(...) se os elementos irracionais da vida social podem ser determinados, ou melhor, se podem ser discutidos na esfera racional, isso significa serem manipuláveis, portanto, suscetíveis de controle racional".

Há também o trabalho de Gláucia Villas Bôas (2006) sobre a recepção da sociologia alemã no Brasil, em que podemos encontrar um capítulo especial sobre Mannheim.

2. O autor
aspectos da trajetória intelectual de Karl Mannheim

Antes de tratarmos de aspectos mais pontuais da trajetória intelectual de Mannheim, seria interessante situá-lo em relação ao contexto em que viveu. O ambiente europeu, no começo do século XX, poderia ser considerado um ambiente de grande efervescência cultural, social e política. Trazendo as heranças do marxismo e do positivismo da segunda metade do século anterior, somando-se à criação da psicanálise por Freud, os avanços da física quântica por Einstein, os grandes debates entre intelectuais, os vários movimentos artísticos que afloravam desde o final do século XIX, a Primeira Guerra Mundial e a Revolução Socialista na Rússia, já temos alguns elementos, aos quais somar-se-ão ainda muitos outros, para começar a situar a vida e o pensamento de Karl Mannheim.

As produções intelectuais de Mannheim na década de 1920 dialogarão tanto com as tradições de pensamento que lhe são contemporâneas quanto com os acontecimentos políticos por ele presenciados e, muitas vezes, vivenciados diretamente. Um bom exemplo do alcance de suas obras pode ser observado através do relato de

Florestan Fernandes, intelectual de grande expressão na institucionalização das Ciências Sociais no Brasil nas décadas de 1950 e 1960, que aponta o quilate da obra daquele que tanto o inspirou ao descrevê-lo, juntamente com Max Weber, como os dois grandes intérpretes da realidade política e social da época, considerando-os como os dois últimos fundadores da sociologia "clássica", e que permitiram que a "forma melancólica" do contexto em que viveram adentrasse em suas reflexões:

> *De um lado, M. Weber e K. Mannheim não estão no ponto de partida de um renascimento e de uma renovação. Eles encerram, cada um a seu modo, mas ambos de forma melancólica, as potencialidades criadoras de uma sociologia da ordem vinculada à história e à inquietação intelectual.* (FERNANDES, 1980, p. 43).

Por entendermos que a trajetória de Mannheim pode ser melhor compreendida se tivermos em mente os acontecimentos de sua vida e de seu contexto, tanto quanto suas produções teóricas, vamos dividir este capítulo em duas partes: na primeira trataremos de forma bastante sucinta dos principais aspectos biográficos e também do que consideramos serem os mais relevantes acontecimentos políticos a eles associados. Em seguida, faremos alguns apontamentos sobre o perfil das obras de Mannheim, na tentativa de construirmos um panorama amplo – ainda que breve – de sua trajetória intelectual.

Essa discussão, de forma geral, nos permitirá aplicar o próprio método da Sociologia do Conhecimento de Mannheim, situando o objeto principal a que nos propomos entender – sua obra *Ideologia e utopia* – em uma perspectiva histórica (de vida e contexto) e em uma mais verticalizada em relação aos dois momentos em que fora publicada. Feito isso, teremos uma quantidade maior de informações acerca do autor para começarmos a analisar aspectos mais pontuais de sua obra capital.

2.1 – A biografia e o contexto intelectual e político de Mannheim

Nascido na última década do século XIX, no ano de 1893, Karl Mannheim veio ao mundo em uma região então conhecida como Império Austro-Húngaro. Como ocorria com muitas famílias naquele período, seus pais eram de nacionalidades diferentes, sendo filho de mãe alemã e de pai húngaro, ambos judeus.

O período inicial de formação de Mannheim será marcado por seus estudos de filosofia na Universidade de Budapeste, na Hungria, que se completarão na Alemanha. Nesses dois países presenciará e, em algumas ocasiões, também participará, de momentos cruciais para a vida política – nacional e internacional –, frutos de intensas agitações sociais e culturais que ocorriam na Europa de então. Isso se tornará ainda mais evidente durante o período final da estada de Mannheim na Alemanha no começo da década de 1930, momento que o autor considerará como o clímax da irracionalidade na condução da vida cultural, social e política, em que se consolidarão as dramáticas e trágicas ideologias totalitárias.

Ainda durante seus primeiros estudos de graduação na Universidade de Budapeste, Mannheim já havia passado, durante curtos períodos, por algumas universidades alemãs. Nas universidades de Freiburg e de Heidelberg teve oportunidade de conhecer Alfred Weber, irmão do renomado sociólogo alemão Max Weber. Será de Alfred Weber que Mannheim adotará futuramente a ideia de *intelligentsia flutuante* e também será esse sociólogo da cultura um dos grandes incentivadores da sua partida para a Alemanha em 1920. Em uma passagem mais prolongada pela Universidade de Berlim, Mannheim teve a oportunidade de assistir a algumas preleções de Georg Simmel, sociólogo alemão cujas perspectivas teóricas e metodológicas terão grande influência em sua obra posterior.

Durante seu período inicial na Hungria havia um intelectual de grande envergadura, ao redor do qual um círculo de pensadores tinha se formado para discutir suas principais ideias. Trata-se de Georg Lukács, junto a quem Mannheim participará em 1917 – mesmo ano do falecimento de Émile Durkheim e da Revolução Russa – ainda nos tempos de guerra, da fundação da Escola Livre de Humanidades, em Budapeste.

Com o final da Primeira Guerra Mundial, em 1918, o derrotado Império Austro-Húngaro seria desmantelado poucos dias após a assinatura do armistício em novembro, quando a Hungria se tornou uma república independente. Mannheim acabara de defender sua dissertação em filosofia, na qual tratava da relação entre espírito[11] e cultura. A agitação política na Hungria não seria apenas decorrente de sua independência em relação ao Império Austro-Húngaro, uma

---

[11] O título, traduzido para o inglês, é *Soul and Culture*. Em alemão, o termo para alma é *geist* e tem, de forma bastante ampla, o significado de "espírito de uma época" ou "mentalidade de uma época". Não há tradução dessa obra para o português.

vez que já em 1919, poucos meses após a conquista da autonomia, devido à grande movimentação social e à influência do que ocorrera na Rússia, o país tornara-se uma República Soviética Húngara, sob o comando do líder Béla Kun. Diante de tais mudanças, Georg Lúkacs adere ao Partido Comunista, apoiando o novo governo soviético húngaro, inclusive com notória participação na área da cultura.

A experiência comunista duraria muito pouco tempo e já em 1920 uma contrarrevolução comandada pelo almirante reacionário Miklós Horthy derrotaria o exército vermelho de Béla Kun e instauraria um governo ultraconservador que entrou para a história conhecido como White Terror. Imediatamente, todos os indivíduos ligados ao governo socialista, sejam aqueles que mantiveram vínculos diretos (como era o caso de Lukács) ou ainda os intelectuais indiretamente próximos (o caso de Mannheim) foram expulsos do país.

Pouco tempo antes da instauração do White Terror na Hungria, em junho de 1920 a sociologia alemã perdia um de seus ícones, com o falecimento de Max Weber. Seu irmão, Alfred Weber, já na condição de renomado sociólogo da cultura ajudaria Mannheim a ser recebido em Heidelberg na condição de exilado político da ditadura húngara de Horthy. Alfred Weber seria uma figura importantíssima na vida de Mannheim que, menos de uma década depois reconhecerá sua gratidão a Alfred ao publicar *Ideologia e utopia*, creditando a ele sua inspiração para o uso do conceito de *intelligentsia*.

O clima na Alemanha do começo da década de 1920 não poderia ser considerado de calmaria. O país saíra derrotado da Primeira Guerra Mundial e enfrentava uma grave crise econômica. As condições culturais e políticas que Mannheim encontraria em solo alemão, ainda que tenha conquistado reconhecimento intelectual por suas publicações, mostrar-se-iam em breve formadoras de um ambiente avesso às ideias marxistas e ao povo judeu, coincidindo com as duas raízes que Mannheim trazia de seu período húngaro. Após deparar-se com dificuldades iniciais relacionadas à própria sobrevivência, Mannheim conta com a ajuda de Alfred Weber para conseguir trabalho como professor em escolas de Heidelberg e também com a renda proveniente da publicação da tradução para o alemão de sua obra *A análise estrutural da epistemologia*. As teses filosóficas de Mannheim, nessa obra, já continham a semente de suas futuras ideias sociológicas e conseguiram boa aceitação por dialogarem, direta e indiretamente, com a obra de grandes pensadores alemães como Karl Marx, Friedrich Nietzsche, Alfred Weber, Max Scheler, Wilhelm Dilthey e Max Weber.

Apenas para que se tenha noção do clima de tensão política e de agitação social e cultural no país, no mesmo ano em que Mannheim publicava a *Gênese e a natureza do historicismo*, em 1924, a Alemanha assistia com enorme simpatia (o que assustava a muitos intelectuais, inclusive ao próprio Mannheim) ao lançamento de um livro com teses extremamente racistas e antissemitas, cujo autor entraria para a história como líder de episódios políticos marcadamente trágicos nos anos seguintes: trata-se do livro *Mein Kampf* de Adolf Hitler. Isso explica a análise (ou talvez, o diagnóstico) que Mannheim faria alguns anos mais tarde em relação a esses fatos (os grifos são seus):

> *O processo de expor os elementos problemáticos do pensamento, latente desde o colapso da Idade Média, culminou finalmente no colapso da confiança no pensamento em geral. Nada existe de acidental, mas, pelo contrário, mais que inevitável é o fato de que cada vez maior número de pessoas se abriga no ceticismo ou no irracionalismo.* (MANNHEIM, 1972, p. 68)

Mannheim consegue em 1926 concluir sua livre-docência na Universidade de Heidelberg, marcando o início de sua carreira acadêmica ao ingressar como *privatdozent* na Faculdade de Filosofia da instituição, sendo considerado por muitos de seus alunos um professor bastante popular. Como vários sociólogos alemães, Mannheim não fundaria uma *escola*[12] e nem deixaria tantos seguidores diretos, porém, dois de seus alunos assistentes (da pós-graduação), com os quais Mannheim gostava de discutir as atividades acadêmicas em cafés, tornar-se-iam sociólogos bastante conhecidos: Norbert Elias[13] e Hans Gerth[14].

A carreira acadêmica de Mannheim e sua projeção como intelectual já estavam consolidadas quando publica, em 1929, seu livro *Ideologia e utopia*, mas a densidade de suas teses nessa obra contribuiu para sua nomeação como professor de Sociologia e de Economia na

---
[12] Turner (1999) cita exemplarmente o caso de Max Weber, o qual não fundou uma escola weberiana e nem deixou, inicialmente, muitos seguidores. Cita também o caso de Georg Simmel.
[13] Norbert Elias (1897-1990), sociólogo alemão também expulso da Alemanha em 1933 que se radicou na Inglaterra. Deixou uma série de obras de grande relevância, entre as quais podemos citar *O processo civilizador* e *Os estabelecidos e os* outsiders.
[14] Hans Gerth (1908-1978), sociólogo alemão de grande circulação nos Estados Unidos, onde publicou alguns trabalhos em parceria com Wright Mills.

Universidade de Frankfurt, vindo a trabalhar na mesma instituição em que Theodor Adorno e Max Horkheimer desenvolviam trabalhos no Instituto de Pesquisa Social[15]. Ainda que trabalhassem juntos, Mannheim não se alinhava completamente com as teses desses intelectuais. Mannheim refletia, entre outros temas, sobre o conceito de verdade, e, de acordo com Rodrigues:

> (...) Mannheim desejou acabar com o tradicional critério de verdade. Para ele, a verdade seria toda proposição congruente com a situação social que atuasse no indivíduo ou no grupo, como momento histórico presente. Nessa perspectiva Mannheim busca romper com a percepção epistemológica positivista vigente, contribuindo de forma muito especial para o desenvolvimento de uma epistemologia histórica. É atribuída a Mannheim a concepção da Sociologia do Conhecimento, bem como sua consolidação como subdisciplina da Sociologia, abrindo, assim, um definitivo caminho para posteriores investigações, inclusive em outras disciplinas das ciências humanas. (RODRIGUES, 2005, p. 16)

Ao mesmo tempo em que via sua condição de proeminente intelectual emergindo, também assistia ao crescimento do nacionalismo ultraconservador e do antissemitismo, ambos condensados na ideologia do nacional-socialismo de Hitler, que aumentava paulatinamente

---

[15] O Instituto de Pesquisa Social da Universidade de Frankfurt fora criado sob grande inspiração da obra *História e consciência de classe*, de Georg Lukács, que exerceu (e ainda exerce) grande influência em Karl Mannheim. A criação do instituto reuniu um grupo de intelectuais marxistas dissidentes, críticos tanto ao capitalismo quanto ao socialismo soviético.

sua influência nas universidades alemãs desde o final da década de 1920. Esse fato gerava ansiedade nos intelectuais alemães, dado que na Itália, país geograficamente muito próximo e com orientação política totalitária semelhante ao que previam para a Alemanha, caso Hitler chegasse ao poder, o intelectual Antonio Gramsci estava na prisão desde novembro de 1926. O crescimento da aceitação das ideias totalitárias gerava tanto uma tensão quanto uma suspeita nos pensadores mais progressistas alemães em relação a uma possível vitória do nazismo.

O impacto econômico da crise de 1929 trouxe para vários países europeus que viviam sob o *laissez-faire* uma situação de instabilidade que se manifestava na arena política com a formação de grandes blocos que se opunham ao liberalismo. As consequências políticas dessa crise foram sentidas de modo mais intenso nos países que há uma década haviam saído derrotados da Primeira Guerra Mundial, como a Alemanha. A grave situação econômica foi utilizada como argumento pelos partidos conservadores para justificar suas ideologias nacionalistas e acabou de certa forma criando legitimidade para a defesa que faziam de um regime mais capaz de defender os interesses nacionais *a qualquer custo*.

O ano de 1933 é considerado um marco na carreira de Mannheim devido à sua expulsão da Alemanha pelo regime nazista instaurado com a chegada de Hitler ao cargo de chanceler. A democracia política entrava definitivamente em colapso no país – que se juntava à Itália na constituição de regimes totalitários de direita na Europa. A partir de então os intelectuais foram classificados, de forma maniqueísta, como pertencentes a um desses dois grupos: ou eram *amigos* ou *inimigos* do nazismo. Aqueles de origem judaica ou marxista (ou, pior ainda, aqueles que juntavam ambos) foram considerados inimigos privilegiados e deveriam ser imediatamente expulsos do país. A característica marcante, de acordo com Villas Bôas (2006), da sociologia alemã na década de 1930 foi o fato de que vivera no exílio. Mannheim estava em um ciclo de palestras na Holanda, no ano de 1933, quando recebeu o convite para assumir um cargo de professor de Sociologia na London School of Economics. O convite fora rapidamente aceito e deu início ao segundo exílio de Mannheim, que agora migrou para a Inglaterra, novamente na condição de refugiado político.

A política nazista que colocara a sociologia alemã no exílio deixará marcas profundas no pensamento de Mannheim, causando inicialmente uma inflexão em sua obra que persistirá no horizonte temático de suas publicações futuras. O fato de ter experimentado o confronto com a irracionalidade na política será responsável por uma mudança em sua agenda intelectual, fazendo com que novos temas, como a democracia, a liberdade e o controle social entrem em definitivo nas suas reflexões e em suas obras. Um exemplo bastante claro desse fato é a forma como Mannheim (1962, p. 61) ilustra, apenas um ano depois, já exilado em Londres, a experiência do nazismo na política alemã: "os selvagens, como sabemos, povoam o mundo de maus espíritos, mas um fenômeno semelhante pode acontecer também na Europa, no século XX".

A instauração do nazismo na Alemanha, precedido pelo fascismo na Itália, abrira caminho para que ideologias ultraconservadoras conduzissem a vida política nacional, transformando o período que vai até 1939 em um momento de grande amistosidade entre as nações europeias.

Tais regimes conseguiram fazer com que grandes inimigos, como Estados Unidos e Rússia, principais representantes de dois sistemas econômicos e políticos antagônicos, se transformassem em inimigo em comum tanto da Itália quanto da Alemanha. Para além das diferenças ideológicas entre capitalismo e socialismo entravam agora em cena os regimes totalitários alemão e italiano que ameaçavam ambos. Estava preparado o cenário da Segunda Guerra Mundial (1939-1945).

A trajetória intelectual e a carreira acadêmica de Mannheim é interrompida bruscamente, no ápice de sua maturidade e desenvoltura, com sua morte precoce em 1947. Viveu seus primeiros vinte e sete anos na Hungria e, posteriormente mais treze na Alemanha, boa parte sob um clima de tensão desfavorável aos intelectuais em geral, Mannheim havia finalmente encontrado nos últimos quatorze anos em que vivera na Inglaterra um ambiente político liberal mais tranquilo para refletir e debater suas ideias, dentro e fora da universidade.

Diante desse cenário mais favorável para o livre exercício do pensamento, Mannheim produziu obras importantíssimas e alcançou projeção tanto na Inglaterra quanto nos Estados Unidos. Todavia a maioria de seus trabalhos desse período foram compilados e publicados postumamente. São em geral reflexões e análises sobre temas relevantes tanto para a Sociologia quanto para a Ciência Política, com duas frentes de pesquisa principais: uma poderia ser enquadrada como diagnósticos e intepretações da situação de crise e a outra como projetos para solucionar as dificuldades anteriormente identificadas. Em sua maioria, foram produzidas a partir de anotações deixadas por Mannheim e organizadas por pessoas muito próximas como seu sobrinho Ernest Mannheim, e também por Louis Wirth, Eduard Shills, Hans Gerth, J. S. Erös, W. A. C. Stewart, Ernest K. Bramstedt, Adolphe Löwe e Paul Keckskemeti.

2.2 – Principais temas de sua produção intelectual

Como sua obra esteve bastante vinculada aos acontecimentos culturais e ao contexto político em que viveu, perceberemos que em vários momentos a biografia de Mannheim funde-se com sua trajetória intelectual. Isso nos permite um movimento de análise biográfico-intelectual dentro de um espectro maior no qual poderemos apontar alguns momentos de cristalização dos seus principais temas na perspectiva metodológica do contextualismo de Skinner e de Pocock. Já indicamos anteriormente as várias possibilidades de se classificar a obra de Mannheim em dois, três ou quatro períodos e também que cada uma atribui mais ênfase para alguns aspectos em detrimento de outros.

Contudo existe um denominador comum nessas perspectivas de classificação da obra de Mannheim, justamente a inflexão marcada pelo ano de 1933. Vamos refazer o trajeto da discussão anterior, mas, agora, já com os conhecimentos à disposição sobre a vida de Mannheim, traçaremos um breve panorama da sua trajetória intelectual. Vale a pena ressaltar, para guiar a leitura que se segue, que sua produção teórica deve ser compreendida como uma constelação, que dialoga com diversas tradições de pensamento que surgiram na segunda metade do século XIX e com aquelas do

2. O autor

século XX que lhe são contemporâneas. Essa será uma característica permanente em todo o percurso intelectual do autor.

Em seu primeiro texto acadêmico, fruto de conferências proferidas em 1917 e publicado em 1918, as reflexões filosóficas de Mannheim estão bastante próximas das teses de Lukács. O trabalho foi publicado em húngaro (a tradução para o inglês é *Soul and Culture*, ou *Alma e cultura* em português). Sobre a natureza desse trabalho, Kettler *et al*. assim se manifestaram:

> *Em sua conferência de 1917 sobre* Alma e cultura, *proferida em uma série de palestras vinculadas com o grupo de Lukács, Mannheim insiste que a crítica estética e a exploração das estruturas formais era tudo o que poderia ser feito naquele momento, apesar da "insuficiência" radical de tais atividades culturais, mas que essa fase restritiva não tardaria, de alguma forma, a chegar ao seu fim. Isso nos proporciona uma curiosa elaboração do desenvolvimento de um apocalipse dostoievskiano, contudo, o mais significativo aqui é sua importância histórica.* (KETTLER *et al.*, 1989, p. 67 – tradução nossa)[16]

Também em 1918 escreve sua dissertação na Universidade de Budapeste denominada *Die Strukturanalyse der Erkenntnistheorie* (traduzido para o inglês

---

[16] *En su conferencia de 1917 sobre "Alma y Cultura", dictada en una serie de conferencias vinculada con el grupo de Lukács, Mannheim insiste em que la crítica estética y la exploración de las estructuras formales era lo único que podía hacerse en aquel tiempo, a pesar de la "insuficiencia" radical de tales actividades culturales, pero que esta fase restrictiva no tardaría, de alguna manera, en llegar a su fin. Esto nos ofrece una curiosa preparación del desarollo de un apocalipsis dostoievskiano, pero lo más significativo aquí es la importancia historica.*

como *Structural Analysis of Epistemology*, em português o título seria equivalente à *Análise estrutural da epistemologia*). O trabalho também foi escrito em húngaro, e seria traduzido para o alemão em 1922, sob o incentivo de Alfred Weber, que reconhecia a importância e a envergadura da tese epistemológica de Mannheim nesse trabalho. Já é possível visualizar o início de uma transição para a sociologia dado que:

> *A Teoria do Conhecimento é uma indagação justificativa, legitimadora, que nos explica como algo que fora pensado pode ser considerado conhecimento. Responde à pergunta:* Como é possível o conhecimento? *E não à pergunta:* Qual conhecimento é possível? *Não pode ser juiz de outras indagações uma vez que suas próprias pretensões não possuem fundamento mais seguro que seu próprio. Em uma maneira notável de afastar-se da concepção cartesiana, considera a Teoria do Conhecimento uma das múltiplas constelações do firmamento espiritual, capaz de lançar luz própria sobre as demais, e não como a lente mediante a qual submetemos a escrutínio o universo.* (KETTLER et al., 1989, pp. 85-86 – tradução nossa)[17]

---

[17] *La teoría del conocimiento es una indagación justificativa, legitimadora, que nos explica cómo es que algo que ha sido pensado puede ser considerado conocimiento. Responde a la pregunta "¿Cómo es posible el conocimiento?", no a la de ¿Cuál conocimiento es posible? No puede ser juez de otras indagaciones, ya que sus propias pretensiones no tienen un fundamento más seguro que el suyo propio. En una notable manera de apartarse de la concepción cartesiana, se considera a la teoría del conocimiento como una de las múltiples constelaciones del firmamento espiritual, capaz de arrojar luz propia sobre las demás, y no como la lente mediante la cual escudriñamos el universo.*

Nesse texto Mannheim já está dialogando com a tradição historicista alemã que remonta a Wilhelm Dilthey, Max Scheler, Max Weber e Alfred Weber, ou seja, sua preocupação está voltada à fundamentação dos objetos históricos e culturais e à constituição de um método para se chegar a eles. Nas palavras do próprio Mannheim:

> O pluralismo metodológico é convocado para essa fase da investigação, e deve ser suficiente para perceber que os conceitos básicos das disciplinas menos exatas também constituem uma unidade sistemática, mesmo que ainda não estejamos em uma posição com vistas a caracterizar seus respectivos princípios de construção. É problemático dizer se um procedimento dedutivo é praticável em todas as áreas, sem violentá-las. Não pode ser colocado em questão, contudo, que os conceitos somente ocorrem em série, e que, em consequência disso, não existe algo como um conceito isolado, o que fica solidamente demonstrado pelo fato de que até mesmo o conceito mais inexato *possui um lugar próprio ao qual pertence, o que se torna evidente de imediato quando é* transferido *para uma esfera alienígena, em que pode ser aplicado apenas* metaforicamente. (MANNHEIM, 1953, p. 23 – tradução nossa)[18]

---

[18] *Methodical pluralism* "Methodical pluralism is called for at this stage of the inquiry, and it should be enough to note that the basic concepts of the less exact disciplines also constitute a systematic unity, even if we are not yet in a position to characterize their respective principles of construction. It is problematic whether a deductive procedure is practicable in every field without doing violence to it. It cannot be doubted, however, that concepts only occur in series, and that consequently there is no such thing as an isolated concept; this is demonstrated beyond doubt by the fact even the most inexact *concept has a place where is properly belongs, and that it will show at once if it is* transferred *into an alien sphere, where it can only be applied* metaphorically".

Logo após escrever e publicar esse trabalho, Mannheim será expulso da Hungria e irá para a Alemanha na condição de exilado político. Ali começará uma primeira transição de área em sua agenda de pesquisas, deixando cada vez mais o campo da epistemologia e caminhando em direção a uma Ontologia e Filosofia Social, que serão os primeiros passos de uma trajetória mais longa que o levará a pisar firmemente no campo da sociologia. Seu texto *Ensaio sobre a interpretação da Weltanschauung*, já escrito em alemão em 1923, aponta, de acordo com Kettler *et al.* (1989, p. 91) para questões relativas às conexões entre as esferas do saber e do poder, dado que constituir um conhecimento (saber) implica a orientação intencional de significados a algo. Ainda que se utilize de conceitos e temas mais próximos da filosofia, seus métodos começam a se aproximar da sociologia. Podemos observar isso no deslocamento que encontramos nos primeiros textos, em que Mannheim estava preocupado com o pensamento e a partir desse trabalho volta sua atenção para o conhecimento, ou seja, uma mudança de foco, que parte das estruturas cognitivas e chega aos produtos culturais.

Mannheim se coloca na linha de frente da tradição que teve Wilhelm Dilthey e Max Weber como grandes representantes e que trata da questão do método das ciências históricas e culturais, principalmente em relação ao então predominante método das ciências naturais (devido em grande parte à influência positivista). A partir das discussões daqueles dois expoentes, Mannheim chega a uma solução ontológica e metodológica inovadora ao propor que a análise do sentido da ação social deveria levar em consideração os diversos tipos de sentido nela presentes durante sua observação.

É importante notarmos que muitos intelectuais do final do século XIX e do início do século XX ainda compreendiam a ciência como estritamente natural. Era preciso, portanto, para Mannheim e para os demais intelectuais da tradição de pensamento a qual se filiavam, começarem essa disputa pela constituição de uma nova ontologia social, ao que se seguiria uma epistemologia e metodologia diferenciadas para as ciências humanas (históricas e culturais). Isso aliado à delimitação e legitimação do território da sociologia nas contendas por cientificidade com as demais ciências positivas, que haviam atingido o ápice com Auguste Comte e Durkheim e que tinham origem em pensadores como Francis Bacon, David Hume e John Locke através de suas defesas de um empiricismo e indutivismo.

Preservando o estilo ensaístico de seus textos anteriores, Mannheim publica em 1924 uma obra de caráter mais sociológico intitulada *Gênese e a natureza do historicismo*, em que já estão presentes os principais elementos que serão a base do método da Sociologia do Conhecimento. Havia pouco tempo que Dilthey e Max Weber tinham falecido (1911 e 1920, respectivamente) e ainda estavam em plena atividade alguns intelectuais como Alfred Weber e Max Scheler. Nesse momento Mannheim avança um pouco mais as discussões sobre a delimitação de objetos e métodos para as ciências históricas e culturais e consegue maior legitimidade para essa nova especialidade científica. Empreende uma batalha intelectual cujo objetivo central, no momento, é situar o "conhecimento científico do social" em sua especificidade, colocando-o de forma equidistante tanto do conhecimento das ciências naturais quanto do senso comum. É preciso travar uma dupla disputa: por um lado entre filosofia e ciência (principalmente em relação a questões ontológicas e epistemológicas) e, por outro entre ciências naturais e ciências históricas e culturais (principalmente em relação ao método e à teorização).

Ao demonstrar objetivamente a existência de *estruturas de pensamento* e de *estilos de pensamento* e as maneiras pelas quais se preservam ou se alteram – socialmente – ao longo do tempo, bem como sua vinculação ao contexto existencial dos grupos sociais de onde surgiram, Mannheim está evidenciando que a determinação existencial do conhecimento pode ser apreendida a partir dos movimentos da própria História, afastando-se metodologicamente tanto do determinismo positivista quanto da teleologia na tradição marxista. Essa agenda de pesquisa será intensificada com a publicação em 1925 de *O problema da Sociologia do Conhecimento*, no qual sistematiza a nova especialidade, fato pelo qual será reconhecido a partir de então como o maior consolidador da Sociologia do Conhecimento. Utilizando-se de sua herança filosófica (principalmente pelos conceitos e categorias) e também da tradição alemã de pensamento, na obra ele organiza sistematicamente uma nova forma de reflexão e análise sociológica da realidade social.

O terreno em que Mannheim está firmando a Sociologia do Conhecimento pode ser considerado um tanto quanto movediço, uma vez que os adeptos da Epistemologia Naturalista (como aqueles que seguem Comte e Durkheim) o classificam de "psicologismo" ou ainda de "esfera irracional". As manobras teóricas de Mannheim teriam de ser ainda mais sofisticadas para dar conta de se movimentarem entre as tendências teleológicas (positivistas e marxistas) e as tendências ao relativismo.

Ainda em 1925 Mannheim escreve uma tese para se habilitar ao cargo de docente na Universidade de Heidelberg intitulada *Das Konservative Denken* (que seria publicada em 1927 e traduzido posteriormente para o inglês como *Conservative Thought* e para o português como *O pensamento conservador*). Pode ser considerada uma comprovação dos métodos da Sociologia do Conhecimento para captar as *estruturas de pensamento* (em especial a Filosofia da História de grupos sociais específicos):

> Nenhuma de suas demais investigações direciona sua atenção exclusivamente sobre materiais do passado ou presta atenção de forma distintiva sobre as ideias de determinados pensadores. Nas observações preliminares sobre o método, igualmente, Mannheim lida de modo diplomático com as grandes controvérsias metodológicas. Se, por acaso, inclina-se aqui por um enfoque empírico e explicativo, ressaltando a necessidade de que a nova disciplina descubra relações causais entre fenômenos sociais e cognitivos e, advertindo-nos contra a propensão, prevalecente nas demais ciências sociais, a se contentar com elucidações interpretativas de congruência entre significados em diferentes domínios. (KETTLER *et al.*, 1989, p. 73 – tradução nossa)[19]

---

[19] *Ninguna de sus demás investigaciones pone su atención exclusivamente sobre materiales del pasado o presta atención en forma distintiva a las ideas de determinados pensadores. En las observaciones preliminares sobre el método, además, Mannheim trata con tacto diplomático las grandes controversias metodológicas. Si acaso, se inclina aquí por un enfoque empírico y explicativo, subrayando la necesidad de que la nueva disciplina descubra lazos causales entre los fenómenos sociales y cognoscitivos, y previniéndonos contra la propensión, prevaleciente en otras ciencias sociales, a contentarse con elucidaciones interpretativas de congruencia entre significados en diferentes dominios.*

Mais uma publicação surge em 1927, *O problema das gerações*, em que Mannheim aprofunda a discussão sobre o método da Sociologia do Conhecimento e em 1928 apresenta na Conferência Alemã de Sociologia, em Zurique, seu trabalho *A competição como fenômeno cultural*. Nessa obra fica evidente que, além de preocupações metodológicas, Mannheim também expressa um alerta político na escolha temática que elegera para falar aos próprios intelectuais.

Será no ano seguinte, em 1929, que Mannheim publicará *Ideologia e utopia*, ainda na Alemanha, o que lhe renderá o cargo de *privatdozent* na Universidade de Frankfurt. Essa é não apenas sua obra máxima na sociologia, mas também o momento em que começa a inserir o campo da política de maneira mais incisiva em suas reflexões. O tema central marxista da luta de classes aparece nessa obra como luta ideológica, na qual as disputas pela legitimidade social do conhecimento são expressões significativas das posições sociais dos indivíduos (às quais Mannheim denomina como *determinações existenciais* e *materiais do conhecimento*). A partir desse trabalho, Mannheim será alçado à condição de sociólogo proeminente no cenário acadêmico e intelectual internacional.

O sociólogo alemão Alfred Vierkandt estava organizando um *Dicionário de sociologia* e contou com a colaboração de Mannheim que, em 1931, escreveu o verbete *Sociologia do Conhecimento*. Por se tratar de um texto-síntese, escrito de forma objetiva e sistemática, em que discorre sobre as principais questões ligadas à nova especialidade sociológica, será incorporado como último capítulo da edição inglesa de *Ideologia e utopia* poucos anos depois. Servia como panorama sobre o assunto para o público em geral, e principalmente para os leitores ingleses que não tinham muita proximidade com a tradição alemã de pensamento e não estavam habituados ao estilo ensaístico adotado por Mannheim na versão alemã original daquela obra. Em 1932 Mannheim escreverá alguns artigos que somente seriam publicados postumamente, em 1956. Seu sobrinho, Ernest Mannheim, os compilou e publicou sob o título de *Essays on Sociology of Culture* (no Brasil o título adotado foi *Sociologia da cultura*). Mannheim transcenderia, nesses artigos, seus objetivos epistemológicos e metodológicos em relação à Sociologia do Conhecimento, obviamente sem os desprezar, e acrescentaria em seu estilo denso, porém certeiro, uma discussão sobre a situação que estava se instaurando na Alemanha decorrente da ascensão da cultura nacionalista representada pelo nacional-socialismo de Hitler. É exemplar desse aspecto, o terceiro artigo intitulado *Cultura democrática e democratização da cultura*, que já se insere na esfera de discussões sobre democracia política, dando sequência à incursão de Mannheim no campo da política que se iniciara com o segundo capítulo da versão original do livro *Ideologia e utopia* intitulado: "É possível uma ciência da política?"

Sigmund Freud havia publicado pouco tempo antes *O futuro de uma ilusão* (1927) e *O mal-estar na civilização* (1930), Antonio Gramsci já estava preso na Itália, Georg Lukács havia se filiado ao Partido Comunista e ainda influenciava os pensadores frankfurtianos Theodor Adorno, Max Horkheimer e Walter Benjamin. Havia preocupação com a função social da educação e com a cultura de massas, e também uma inquietação geral dos intelectuais em relação ao ambiente político alemão.

Completamente sintonizado com tais preocupações da *intelligentsia* nesse momento, Mannheim publica, em 1932, *As tarefas atuais da sociologia – moldar seu ensino*. Diante do segundo exílio político, Mannheim começará na Inglaterra a preocupar-se com a questão do controle social da irracionalidade na política, à qual se ligam suas reflexões sobre a planificação, os valores e a educação. Os temas eminentemente políticos destacam-se em suas discussões e textos, a partir de então. Em seu primeiro trabalho publicado na Inglaterra, já em 1934, denominado *Elementos racionais e irracionais na sociedade contemporânea*, a análise sociológica e política volta-se para o diagnóstico das causas que levaram à destruição do homem e da sociedade.

Pouco tempo depois surgiu a possibilidade de traduzir para o inglês a principal obra de Mannheim, *Ideologia e utopia*. Com o apoio de Louis Wirth, destacado sociólogo da Escola Sociológica de Chicago[20], que também escreveu um longo prefácio – a obra fora redesenhada para ser lida pelo público inglês. Aos três capítulos da versão original foram acrescentados outros dois, um que passou, nesse momento, a ser o primeiro capítulo, escrito pelo próprio Mannheim, especialmente para essa nova versão, intitulado "Abordagem preliminar do problema", e também um outro intitulado "Sociologia do Conhecimento", que Mannheim escrevera para o *Dicionário de sociologia* de Vierkandt,

---

[20] Fundada no final do século XIX a Universidade de Chicago se tornaria nas primeiras décadas do século XX um centro de referência nos estudos sociológicos devido principalmente aos seus estudos de pequenos grupos urbanos. Entre os pesquisadores de Sociologia e Psicologia Social da Escola Sociológica de Chicago encontram-se William Thomas, Robert Park, Florian Znaniecki, Louis Wirth e Ernest Burgess.

tornava-se agora seu último capítulo. A obra ganhara um caráter mais sistemático e estava adaptada ao pragmatismo dominante na cultura intelectual inglesa.

A previsão de Mannheim de que a irracionalidade estava se apoderando das mentalidades políticas da época mostrou-se efetiva a partir de 1939 com o início da Segunda Guerra Mundial. Sua próxima obra seria publicada em 1940 (composta por textos escritos desde 1935) e seria intitulada *Man and Society in an Age of Reconstruction* (a edição em português deslocou os interesses de Mannheim com relação à planificação e reconstrução sociais, ao ser traduzida como *O homem e a sociedade – estudos sobre a estrutura social moderna*). Politicamente, Mannheim está empreendendo a tarefa de encontrar uma solução que se distancie tanto dos regimes totalitários quanto do *laissez-faire*. Há um capítulo intitulado "Crise, ditadura e guerra" em que estabelece relações entre a Psicologia Social e a Política e também um outro intitulado *Planificação para a liberdade* que, em realidade, demonstra a principal meta de Mannheim nessa obra: os significados e sentidos da planificação como técnica de controle social para a construção de balizas para a liberdade e a democracia. Há aqui um salto que vai do *diagnóstico* à construção de um *projeto* que aponta para a superação da crise.

Ainda em tempos de guerra, Mannheim publica no ano de 1943 o livro *Diagnóstico de nosso tempo* em que discute mais enfaticamente temas relacionados aos valores sociais, à educação e à religião, com uma dupla finalidade: por um lado pretende diagnosticar situações sociais que propiciem o surgimento de regimes totalitários (como evidenciado no capítulo "A estratégia do Grupo Nazista") utilizando-se da Sociologia do Conhecimento e da Psicologia Social como métodos e apontando para a planificação na esfera da política, e, por outro lado, propõe uma série de medidas não apenas preventivas em relação aos totalitarismos, mas também propositivas quanto à construção de valores que devem sustentar a sociedade em bases sólidas de *liberdade* e *democracia*, dois temas muito caros para Mannheim e que o introduzem em sentido forte no campo da Ciência Política.

Ao falecer em 1947 Mannheim havia deixado uma série de manuscritos que foram compilados por Ernest Bramstedt e Hans Gerth, sob a coordenação de Adolphe Löwe e publicados em 1950 sob o título de *Liberdade, poder e planificação democrática*. As três partes que compõem a obra (*Diagnóstico da situação*; *A planificação democrática e as instituições em processo de mudança*; e *Homens novos, valores novos*) podem ser consideradas uma síntese da agenda intelectual de Mannheim, na Inglaterra. Entre os demais textos do autor publicados postumamente, encontramos *Ensaio sobre a Sociologia do Conhecimento* (1952), *Essays on Sociology and Social Psychology* (1953), *Sociologia Sistemática* (1957), *Introdução à Sociologia da Educação* (1962, compilado por W. A. C. Stewart), *Sociologia do Conhecimento – seleção do trabalho* (1964) e *Structures of Thinking* (1980).

Para que compreendamos a importância intelectual de Karl Mannheim é importante ressaltarmos que na Inglaterra ele fundou e coordenou uma coleção de livros intitulada *International Library of Sociology and Social Reconstruction* na renomada editora Routledge & Kegan Paul, e que em grande medida teve vários de seus títulos traduzidos para o espanhol pela editora mexicana Fondo de Cultura Econômica, o que nos permite sinalizar não somente para a projeção de Mannheim no cenário intelectual e acadêmico internacional, como também para a circulação e recepção de suas obras em outros ambientes.

3. A obra
Ideologia e utopia *como obra paradigmática*

3. A obra

Como dissemos anteriormente, entre toda a produção intelectual de Karl Mannheim não há dúvida de que *Ideologia e utopia* seja seu título de maior circulação e recepção internacional, pois além de ser considerada uma obra-síntese do autor, representando um marco na consolidação da Sociologia do Conhecimento como disciplina acadêmica, é também a efetiva transição de Mannheim para o campo da sociologia, já apontando para sua introdução mais densa na temática da Ciência Política. Devemos considerar também a envergadura dos diálogos com diversas tradições de pensamento passadas e atuais e o fato de que os temas nela abordados por Mannheim estavam na agenda intelectual da época.

Além das grandes discussões ali contidas, principalmente ontológicas, epistemológicas e metodológicas, a obra também avança o debate sobre a relação entre ciência e sociedade, o que ocorre por exemplo quando Mannheim discute a função social da ciência ou ainda o papel social e político da *intelligentsia*. Há ainda o refinamento de dois conceitos fundamentais, *ideologia* e *utopia*, que dão título ao livro. De acordo com Cepêda:

> *Para Mannheim, a ideologia é um produto histórico específico da modernidade. Somente quando as configurações sociais atingiram a situação de complexidade derivada da alta divisão do trabalho social e da multiplicação dos papéis sociais, enfim, as diversas situações materiais puderam produzir diversidade de interesses ao forjarem distintos grupos sociais (incluindo classes, estamentos, grupos profissionais ou mesmo situações históricas nacionais).* (CEPÊDA, 2012a, p. 68)

As especificidades e variações das ideologias, a natureza e a possibilidade de uma Ciência Política (ou ainda, de uma *política científica*) e o estudo sobre as mentalidades utópicas fazem com que, nessa obra, além de uma depuração de conceitos e categorias, surja com maior nitidez o esboço de uma teoria sobre o social e sobre a política.

Na tentativa de visualizar o diálogo que Mannheim empreende com outros autores em *Ideologia e utopia* apresento um levantamento de intelectuais[21] citados no corpo da obra. Ao todo são citados 153 nomes, alguns mais frequentes que outros, e a maioria desses autores é considerada clássica[22] (da filosofia e do pensamento social e político). Salta à vista a ausência de Durkheim, considerado um nome de grande expressão à época – e que já era seguida pelo francês Lévy-Bruhl naquele momento – e que não é citado diretamente. Segue a relação dos pensadores mais mencionados ao longo do livro e o

---

[21] Estão incluídos nesse levantamento os nomes não apenas de intelectuais, mas também de políticos e personagens históricos citados nominal e diretamente por Mannheim no corpo do texto (excluídas as notas de rodapé).
[22] Como a obra foi publicada originalmente em 1929, e republicada em 1936 pelo próprio Mannheim, autores posteriores a esses períodos que eventualmente aparecem em outras obras não estão, por isso, incluídos nessas citações.

número de vezes que foram citados: Hegel é citado 17 vezes, Max Weber, 13 vezes e Karl Marx, 11 vezes, os quais são seguidos de Vilfredo Pareto que é citado 8 vezes, Napoleão Bonaparte é citado 6 vezes, Friedrich Stahl[23], Georg Lukács, Max Scheler e George Sorel 5 vezes cada.

No momento em que *Ideologia e utopia* surgiu várias de suas teses eram temas constantes de discussões no cenário intelectual internacional, sob diversas perspectivas teóricas, tanto na sociologia como na filosofia e na política. Entre elas, duas são de especial interesse, de acordo com Villas Bôas (2006, p. 69), a saber: o postulado da função iluminista do conhecimento (a discussão sobre o irracional com ênfase para a racionalidade e o processo de racionalização) e também a teoria do engajamento dos intelectuais na sociedade.

Mais de oito décadas após sua primeira publicação já se torna possível uma análise sobre os impactos e a circulação e recepção de suas principais teses. A discussão sobre o papel social da ciência não apenas perdurou como também acabou por se ampliar em uma Sociologia da Ciência e Sociologia do Conhecimento Científico. O debate sobre a natureza e o papel dos intelectuais e também sobre a natureza da ideologia são, ainda hoje, objetos de análise.

Vamos apontar algumas características gerais da obra para, em seguida, nos determos sobre as diferenças entre as edições alemã e inglesa.[24] A alemã, de 1929, tinha aproximadamente 200 páginas e, na versão inglesa

---

[23] Friedrich Julius Stahl (1802-1861), jurista e político alemão que atuara nas Universidades de Munique e Berlim.

[24] No Brasil a primeira edição foi publicada em 1950 com tradução de Emillio Willems e uma nova edição foi publicada em 1972 com tradução de Sérgio Magalhães Santeiro, a qual utilizamos para as análises e citações utilizadas neste estudo.

de 1936 há uma ampliação substancial que faz com que a obra salte para mais de 300 páginas. Portanto, é possível afirmar que os capítulos da edição atual não estão dispostos cronologicamente, mas de acordo com uma sequência lógica repensada por Mannheim a partir da edição inglesa. Dos cinco capítulos que a compõem, três foram escritos em 1929 para a versão original, um deles elaborado em 1931 e um feito especialmente em inglês para a edição de 1936.

Na edição de 1929 – publicada pouco antes da chegada de Hitler ao poder na Alemanha – a obra, apesar de mais enxuta, tinha um teor mais polêmico, destacando-se a discussão de Mannheim, principalmente com três autores alemães: Hegel, Weber e Marx. No texto de 1936 – publicado pouco após a chegada de Mannheim ao exílio na Inglaterra – há uma dupla preocupação: a) um caráter didático, expresso pela sistematização de informações sobre a Sociologia do Conhecimento; e b) um caráter integrador, ao tentar tornar a obra mais palatável ao leitor de língua e tradição inglesas.

Entre as novidades na edição inglesa de 1936 consta um longo prefácio escrito por Louis Wirth – o qual, por pertencer à Universidade de Chicago, tinha mais afinidade com o pragmatismo e o utilitarismo – contribuindo não apenas como mediador entre tradições intelectuais diferentes, mas também para legitimar a obra em um contexto acadêmico distinto. Isso se aplica não somente ao contexto acadêmico norte-americano e britânico, mas também a outros contextos sob sua forte influência, como é o caso do latino-americano e, em particular, do brasileiro. A apresentação de Wirth para o livro de Mannheim abriria as portas para a recepção de suas teses

3. A obra

em uma comunidade acadêmica mais vasta. A subsequente atenção despertada por C. Wright Mills e Robert K. Merton é bastante indicativa do êxito conseguido pelas palavras de Wirth ao introduzir *Ideologia e utopia* e seu autor no círculo intelectual norte-americano:

> *O professor Mannheim está, portanto, de acordo com o crescente número de pensadores modernos que, em vez de postularem um intelecto puro, se preocupam com as condições sociais efetivas em que emergem a inteligência e o pensamento* (WIRTH, 1972, p. 21).

De acordo com Villas Bôas (2006, p. 117) o ponto central em que Wirth se apoiou para tornar a obra atraente para o público de tradição inglesa foi a questão da objetividade. O estilo ensaístico de Mannheim, embora bem compreendido pelos leitores alemães, precisava deixar mais evidente que o embate teórico empreendido pelo autor sobre a neutralidade nas pesquisas científicas – principalmente com a tradição positivista e behaviorista – constituía-se no núcleo epistemológico de *Ideologia e utopia*. Mannheim argumentava e tentava demonstrar a vinculação do conhecimento, dos estilos de pensamento, das estruturas cognitivas com determinados interesses de grupos sociais, em uma perspectiva mais dilatada que a marxista, e com isso deferia um golpe certeiro sobre as teses naturalistas de neutralidade absoluta em relação a valores na ciência.

Para Mannheim o cientista era, antes de tudo, um indivíduo inserido em certos grupos sociais – diferenciando-se pela possibilidade de enxergar para além dessas determinações – e essa ontologia do intelectual tornava paradoxal qualquer tentativa de compreender a ciência de forma transcendental ou como um fim em si mesmo à margem das disputas políticas. A maior isenção possível era atribuída à *intelligentsia*, um estrato social capaz de afastar-se, ainda que parcialmente, de suas vinculações sociais no momento de realização de suas sínteses e interpretações sobre a realidade social e política.

Nas palavras de Wirth (1972, p. 9) a tese de Mannheim "se destaca como uma análise sóbria, crítica e bem fundada das correntes e situações sociais de nosso tempo referente ao pensamento, à crença e à ação". Nesse prefácio, a obra não é situada apenas em seu aspecto teórico, mas também na dimensão política, ao declarar que pode ser compreendida como um antídoto para a "zona de pensamentos perigosos" tão em voga na década de 1930. A maior demonstração de legitimação da obra, na tentativa de evidenciar sua utilidade, pode ser vista nas palavras finais de Wirth (1972, p. 28) ao dizer que: "Foi na esperança de que dará alguma contribuição para a solução dos problemas com que se depara o homem inteligente que se traduziu o presente volume".

Após essa digressão que permitiu situar em uma perspectiva mais ampla a obra *Ideologia e utopia*, vamos retomar a discussão a partir da análise da edição original publicada em alemão, no ano de 1929.

4. O momento alemão
a versão original de 1929

4. O momento alemão

Nos três capítulos que compõem a obra *Ideologia e utopia* publicados originalmente em 1929 estão presentes vários conceitos centrais responsáveis por projetar seu autor a uma posição de destaque no mundo acadêmico europeu, rendendo a Mannheim o reconhecimento como consolidador da Sociologia do Conhecimento.

Cada um dos capítulos trata com mais ênfase de um eixo teórico fundamental para Mannheim nesse momento em que ele adentra mais solidamente na esfera da sociologia após uma série de trabalhos mais vinculados à filosofia.[25] No primeiro capítulo – cujo título é homônimo ao do livro – o autor ainda faz um diálogo com as principais tradições filosóficas alemãs, evidenciando sua habilidade em transitar na filosofia e também seu estilo de escrever através de ensaios. Para depurar o conceito de "ideologia", Mannheim faz uma revisão da literatura até aquele momento,

---
[25] Sobre os trabalhos de Mannheim mais vinculados à filosofia e à sociologia, ver o segundo capítulo deste livro.

passando pelas discussões de Destutt de Tracy, Napoleão Bonaparte, Karl Marx e também por temas filosóficos desde Kant e Hegel.

Na segunda parte da obra, intitulada "É possível uma Ciência da Política?" são abordadas mais especificamente questões sobre a relação entre teoria e práxis, até então consideradas território eminentemente marxista – mas que já tinha sido tangenciado por Durkheim, em *Sociologia e filosofia*, e por Weber, em *Ciência como vocação* e em *Política como vocação*. O aspecto inovador de Mannheim foi ter introduzido uma síntese de perspectivas entre as várias posições com ênfase para a função social dos conhecimentos teóricos da esfera da política e para a natureza e o papel do intelectual.

Por fim, a terceira parte do livro intitulada "A mentalidade utópica", pode ser compreendida como a mais polêmica, constituindo-se em um alerta para os intelectuais dissidentes em relação à visão de mundo dominante em determinado período, ao apontar para as reais possibilidades e consequências de suas ações políticas. Também pode ser vista como uma concepção de processos históricos ou de uma filosofia da história em que se encontram no foco as ideias políticas e suas relações existenciais com o contexto social.

4.1 – O conceito central de ideologia

A preocupação de Mannheim no primeiro capítulo é situar historicamente o conceito de ideologia apontando para suas raízes mais remotas e demonstrando as variações pelas quais o conceito passou ao longo do tempo, chegando até o início do século XX, o qual seria o momento de inflexão que marcaria a transição de uma teoria da ideologia para uma análise mais ampla intitulada pelo autor como Sociologia do Conhecimento.

Nesse movimento genético Mannheim aponta para os séculos XV e XVI – em Maquiavel e Bacon – os primeiros usos de conceitos que teriam o mesmo sentido que o de ideologia utilizado até o século XIX. Correspondendo ao período de transição cultural da tradição para a Modernidade, esses autores estariam indicando que os conhecimentos não seriam absolutos e nem mesmo infalíveis como muitas vezes considerados durante a Idade Média. Essa característica coloca em questão as condições de possibilidade para se chegar à verdade (seja através das variações da verdade em Maquiavel ou da eliminação das distorções dos *idola* em Bacon).

Um segundo movimento que vai de Descartes a Kant caracteriza-se por colocar a questão da consciência na produção dos conhecimentos. Dado que o conhecimento sobre o mundo tornara-se uma multiplicidade de possibilidades, Kant sugere que uma unidade poderia ser alcançada pela *consciência dos indivíduos* ao fazer uso da *razão*. A esse respeito, Mannheim afirma que:

> A filosofia da consciência, no lugar de um mundo infinitamente variado e confuso, colocou uma organização da experiência cuja unidade é garantida pela unidade do sujeito que percebe. (...) Esse é o primeiro estágio na dissolução de um dogmatismo ontológico que encarava o mundo como existindo independentemente de nós, de forma fixa e definida. (MANNHEIM, 1972, p. 92)

Ao enfatizar os aspectos psicológicos a filosofia da consciência de Kant retirava a historicidade dos processos do mundo. Hegel será o responsável pelo próximo movimento que consiste em inverter essa ontologia e propor que o mundo possui, sim, uma unidade lógica, a qual somente pode ser apreendida pela consciência dos indivíduos – um deslocamento da unidade lógica, que não mais se encontra na consciência, mas nos próprios processos históricos do mundo, que podem ser apreendidos pela consciência, devolvendo ao mundo sua unidade. A verdade seria possível, pois, na história, conteria as regras para o desenvolvimento dos fatos. A *consciência histórica* de Hegel é considerada por Mannheim um avanço em relação à *consciência em si* de Kant; contudo, ainda sem os elementos concretos que motivam a existência dos indivíduos. Em seu lugar haveria um elemento absoluto na história que comandaria seu desenvolvimento. Sobre esse fato Mannheim afirma que para Hegel:

> (...) *o mundo é uma unidade e é somente concebível a um sujeito conhecedor. E nesse ponto se acrescenta à concepção o que, para nós, constitui um elemento original decisivo – a saber, o de que essa unidade está em processo contínuo de transformação histórica e tende a uma constante restauração de seu equilíbrio em níveis sempre mais elevados.* (MANNHEIM, 1972, p. 93)

Será justamente de Karl Marx o próximo passo ao introduzir, em sua ontologia social a *consciência de classe* como o fundamento da organização da vida social. Sua concepção de história não se reduz a leis transcendentais de desenvolvimento. Ainda que os aspectos absoluto e teleológico estejam presentes em sua teoria, as leis de desenvolvimento sociais são, para Marx, concretas e materiais. As relações sociais de produção constituem as bases dos processos históricos – o que já é um avanço em relação à filosofia da história hegeliana. A *consciência histórica* deveria expandir-se para a dimensão material da vida até abarcar a *consciência de classe* e suas relações estruturais. A esse respeito, Mannheim diz que:

> Quando a "classe" tomou o lugar do "folk" ou da nação, como portadora da consciência historicamente em evolução, aquela mesma tradição teórica, a que já nos referimos, absorveu a noção que, entrementes, crescia através do processo social, a saber – a de que a estrutura da sociedade e suas formas intelectuais correspondentes variam com as relações entre as classes sociais.
> (MANNHEIM, 1972, p. 94)

Nesse ponto em que chegara sua reflexão sobre uma filosofia da história, Marx já teria consolidado uma Teoria da Ideologia, abrindo espaço para uma próxima etapa nas análises do conceito de ideologia, a qual procuraria entender as vinculações existenciais (em sentido mais amplo que o marxista) entre o conhecimento e o contexto social. Dilthey dará mais um passo ao começar as discussões sobre a natureza de objetos históricos e culturais – o que acarretaria novas formas de conhecimento – e Max Weber também contribuirá com seu método compreensivo. Estes dois avanços – ontológico e metodológico – somados ao ponto em que Marx chegara com sua Teoria da Ideologia constituíam as condições necessárias para o surgimento da Sociologia do Conhecimento sistematizada por Mannheim. O gráfico a seguir (que já antecipa as definições de Mannheim de *ideologia particular* e *ideologia total*) ilustra o desenvolvimento pelo qual passara o conceito de ideologia desde Kant até Marx:

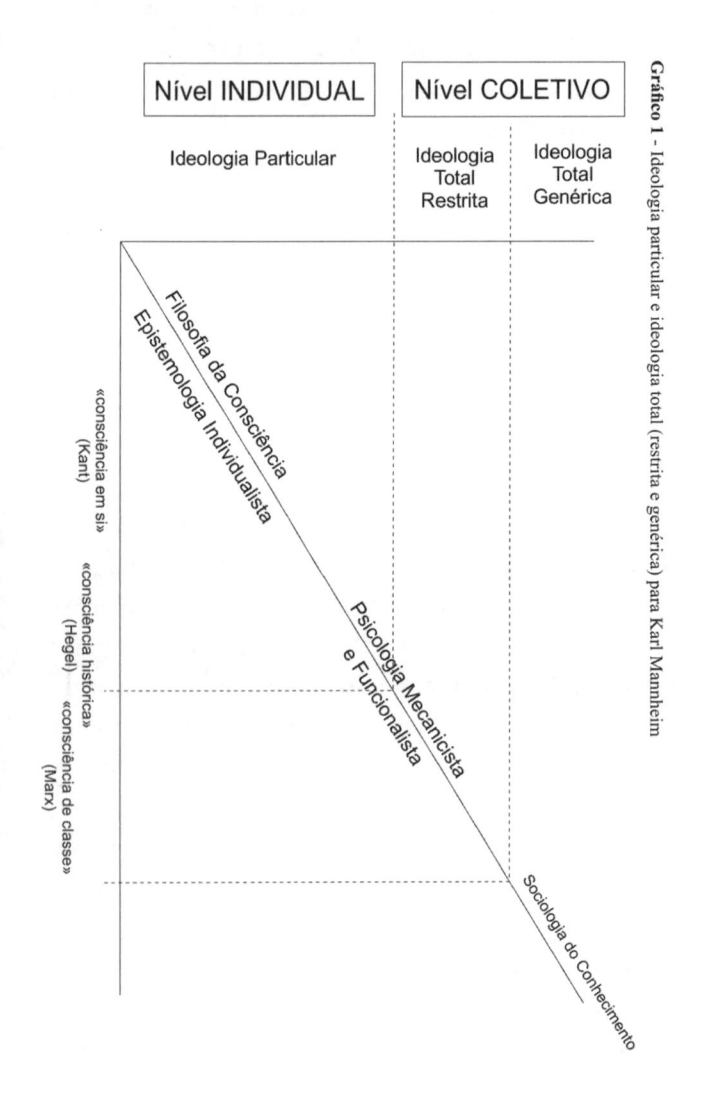

	Nível INDIVIDUAL	Nível COLETIVO	
	Ideologia Particular	Ideologia Total Restrita	Ideologia Total Genérica

- «consciência em si» (Kant) — Filosofia da Consciência / Epistemologia Individualista
- «consciência histórica» (Hegel) — Psicologia Mecanicista e Funcionalista
- «consciência de classe» (Marx) — Sociologia do Conhecimento

Gráfico 1 - Ideologia particular e ideologia total (restrita e genérica) para Karl Mannheim

Mannheim empreende uma verdadeira síntese[26] das perspectivas teóricas desses autores, reposicionando o conceito de ideologia em outras bases, ou seja, em uma nova Ontologia Social, que lhe permite uma análise do conceito ao considerá-lo tanto como um desenvolvimento das teorias anteriores quanto um alargamento delas. A nova Teoria do Conhecimento de Mannheim preservara alguns elementos filosóficos (como a análise formal ou estrutural do pensamento, sua natureza e processos) aliada agora a elementos sociológicos e políticos (relacionismo e visões de mundo em disputa por hegemonia). Florestan Fernandes, ao comentar essas inovações de Mannheim, afirma que:

> (...) utilizei-me dos resultados obtidos por Mannheim com o emprego do método de "análise circunstancial" ao estudo de situações histórico-sociais. A rigor, esse método consiste em um aperfeiçoamento do método aplicado por Karl Marx, conhecido sob designação de "materialismo histórico". (FERNANDES, 1970, p. 116)

Feita essa gênese do termo *ideologia* Mannheim acredita ser possível avançar para a Sociologia do Conhecimento procedendo a uma ressignificação de conceitos utilizados pelos pensadores que lhe antecederam. A primeira característica atribuída por Mannheim ao conceito de ideologia é que seria dinâmico e não estático.

---

[26] O conceito mannheimiano de síntese não remete a um produto resultado do "ato de somar". Guardando proximidade com o processo dialético descrito por Hegel e, posteriormente, por Marx, para Mannheim a síntese seria o equivalente a uma visão de mundo produzida pelo intelectual que, ao tomar contato com as diversas interpretações anteriores, seria capaz de inseri-las no processo da história, preservando delas aquilo que ainda poderia ser considerado válido, e complementando-as e atualizando-as, a partir da posição privilegiada proveniente de sua própria condição de intelectual.

Um determinado conhecimento não poderia ser considerado ideológico em si (como se não estivesse vinculado a questões existenciais na vida dos indivíduos). A implicação dessa constatação é que o conhecimento apenas pode surgir dentro de contextos existenciais (históricos, políticos, culturais e sociais). Será, portanto, o contexto existencial que fornecerá aos indivíduos as principais categorias com as quais sua estrutura cognitiva processará os pensamentos e produzirá os conhecimentos.[27] Dilatando a natureza da vinculação social do conhecimento que, na teoria marxista estava relacionada às classes sociais, Mannheim propõe que está diretamente relacionado à dimensão existencial – que inclui as relações materiais de produção, além de diversos outros elementos mais característicos da superestrutura na teoria marxista. Ao mesmo tempo que não seria possível que um conhecimento surgisse *ex nihilo*, também não seriam apenas as condições de classe seus determinantes sociais.

Nesse sentido, Mannheim traça o processo de gênese social do conhecimento que consiste em um sujeito (que possui uma estrutura cognitiva) deparar-se com situações (fatos e coisas) a serem conhecidas na tarefa de compreender e interpretar tais situações utilizando-se de categorias

---

[27] Robert Merton acusa a Sociologia do Conhecimento de Mannheim de não possuir unidade lógica (Villas Bôas, 2005), entre outras coisas, por não fazer distinção entre categorias como *pensamento* e *conhecimento*, creditando a ele um uso confuso e indistinto das categorias. Adotamos aqui uma posição contrária à de Merton, uma vez que acreditamos em uma maior distinção do que a sugerida, nos usos e diferenciações que Mannheim faz dessas categorias. Isso porque concluímos da leitura de *Ideologia e utopia* que Mannheim conceitua como frutos do *pensamento* não apenas os conhecimentos científicos, mas também aqueles da arte, da filosofia, da religião, do senso comum, e também que em textos anteriores Mannheim concebe como distintos os processos de *pensar* (*estruturas de pensamento*) dos produtos desse processo, que seriam os *pensamentos* (ou *conhecimentos* propriamente ditos).

4. O momento alemão

previamente disponíveis no seu próprio contexto existencial. As implicações decorrentes da introdução do contexto existencial como fornecedor de sentidos geradores de identidades sociais exigem que o processo de pensamento seja compreendido de forma mais dinâmica e imanente.

Disso que poderíamos classificar como uma Teoria do Conhecimento[28] em Mannheim um novo e fundamental passo será dado para se chegar à sua Sociologia do Conhecimento, na qual entram em questão os elementos propriamente dinâmicos (como os antagonismos e as disputas) e sociais (o processo de pensamento não é compreendido como produto exclusivamente individual, mas como produto de indivíduos socialmente situados em grupos sociais). Com a introdução desses dois novos elementos, Mannheim opera um duplo salto qualitativo: expande a Teoria do Conhecimento (saindo da filosofia e adentrando na sociologia, retirando portanto o individualismo epistemológico da tradição kantiana e o absolutismo da tradição hegeliana) e ainda avança em relação à teoria da ideologia marxista (principalmente quanto ao aspecto determinista que vinculava a produção do conhecimento às classes sociais e também quanto ao seu caráter teleológico, embora faça questão de explicitar a linha de continuidade que mantinha em relação ao marxismo, no que diz respeito à análise materialista[29] do conhecimento).

---

[28] Embora a literatura não tenha tratado especificamente desse tema, adotamos aqui uma posição segundo a qual Mannheim teria, ainda em sua fase filosófica, primeiramente produzido algumas argumentações que poderiam ser compreendidas como uma Teoria do Conhecimento (principalmente quando analisa o contexto de gênese dos conhecimentos voltado para as estruturas de pensamento). Ao adentrar no campo sociológico, Mannheim introduz a questão da *legitimação social dos conhecimentos*, semelhante à do *contexto de validade* em filosofia.

[29] A análise materialista do conhecimento operada por Mannheim refere-se à vinculação do conhecimento com o *contexto existencial* (material e simbólico) e aos *grupos sociais*.

Após traçar a gênese do conceito de ideologia e esboçar sua Sociologia do Conhecimento, em que já apresenta a natureza da ideologia, Mannheim passa então a refletir sobre seu alcance nas relações sociais e políticas, e aqui se torna mais evidente o caráter da limpeza conceitual. Como já foi dito anteriormente, Maquiavel e Bacon haviam apontado para a relativização e a distorção da verdade, e Marx já denunciara o caráter de disfarce que as ideologias assumiam. Todavia quando não há determinação unilateral na produção desses mecanismos de relativização, distorção e disfarce, torna-se evidente que todas as verdades parciais podem aspirar a um estatuto de verdade geral ou, dito de outra forma, torna-se legítima a disputa empreendida entre os diversos grupos sociais por hegemonia para suas verdades parciais. A consequência política dessa constatação consiste não apenas na disputa e no enfrentamento entre os grupos sociais, mas também no mútuo ataque à legitimação dos conhecimentos alheios.

Dessa maneira qualquer classificação de uma forma de conhecimento como *ideológica* precisaria levar em consideração não apenas a natureza e a função que exerce, mas também o alcance do seu caráter ideológico, o que implica o aspecto relacional das ideologias (um conhecimento somente é classificado como ideológico por um grupo que faça oposição ao grupo "dominante"). O alcance do caráter ideológico do conhecimento, para Mannheim, consiste em verificar até que ponto um grupo social reconhece legitimidade nas proposições do outro e a partir de que ponto passa a considerá-las ilegítimas. Duas possibilidades são apontadas: apenas parte do enunciado do oponente não é legítima (reconhecendo como legítima sua estrutura de pensamento) ou então considera-se ilegítima toda a estrutura de pensamento do oponente (logo, quaisquer conhecimentos por ele produzidos serão automaticamente considerados ilegítimos). À primeira possibilidade Mannheim denomina *ideologia particular* e à segunda *ideologia total*.

O primeiro capítulo da versão de 1929 de *Ideologia e utopia* gira em torno da identificação dessas duas formas ideológicas como fundamentos teóricos e epistemológicos da Sociologia do Conhecimento. Apresentamos a seguir um quadro em que sintetizamos, com as expressões utilizadas pelo próprio Mannheim, as definições de *ideologia particular* e de *ideologia total*.

Quadro 1

Definição de *ideologia particular* e de *ideologia total*.

Ideologia particular	Ideologia total
"(...) designa como ideologias apenas uma parte dos enunciados do opositor – e isso somente com referência ao seu conteúdo (...)" (p. 82)	"(...) põe em questão a *Weltanschauung* total do opositor (inclusive seu aparato conceitual), tentando compreender esses conceitos como decorrentes da vida coletiva de que o opositor partilha." (pp. 82-83)
"A concepção particular de ideologia realiza suas análises de ideias em nível puramente psicológico." (p. 83)	"(...) não nos referimos a casos isolados de conteúdo de pensamento, mas a modos de experiência e interpretação amplamente diferentes e a sistemas de pensamento fundamentalmente divergentes." (p. 83)

"(...) opera principalmente como uma psicologia de interesses." (p. 83)	"(...) utiliza uma análise funcional mais formal, sem quaisquer referências a motivações, confinando-se a uma descrição objetiva das diferenças estruturais das mentes operando em contextos sociais diferentes." (p. 83)
"(...) pretende que esse ou aquele interesse seja a causa de uma dada mentira ou ilusão." (p. 84)	"(...) pressupõe simplesmente que existe uma correspondência entre uma dada situação social e uma dada perspectiva, ponto de vista ou massa aperceptiva." (p. 84)

Fonte: Seleção de textos elaborada pelo autor a partir da edição de 1972 de *Ideologia e utopia*.

Mannheim prossegue com o refinamento do conceito de ideologia ao dizer que, embora até então tratado como uma forma genérica de conhecimento, precisa ser melhor compreendido também no que diz respeito às funções a que serve, dado que não são idênticas em todas as situações. Há momentos em que as formas genéricas de conhecimento atuam no sentido da manutenção da ordem social e política existente e há outros momentos em que atuam em sentido inverso, tentando romper com tal situação. Nesse sentido Mannheim sugere que apenas sejam consideradas como ideológicas aquelas formas sociais de conhecimento que visam à manutenção da ordem social e política existente (respeitadas as caracterizações já feitas quanto às *ideologias particular e total*) e que, para aquelas formas sociais de conhecimento que buscam um rompimento com a ordem social existente, Mannheim sugere a designação de *utopias*.

4.2 – As mentalidades utópicas

Embora seja o tema do terceiro capítulo da versão alemã de *Ideologia e utopia*, intitulado "A mentalidade utópica", trataremos dele na sequência da discussão sobre as ideologias, pois acreditamos que haja uma continuidade lógica entre ambos.[30] O pensamento (ou mentalidade) utópico guardaria como um ponto de semelhança com o pensamento ideológico o fato de que ambos possuem, decorrente da sua vinculação existencial e do caráter relacional do conhecimento, uma face voltada para as ideias (teórica) e uma outra face voltada para a ação (prática). Contudo, para que não se confunda o sentido que atribui para o conceito *utopia* o próprio Mannheim lança inicialmente dois quesitos para que uma forma de conhecimento possa ser considerada utópica: a) estar em incongruência com a realidade da qual emerge; e b) estar voltada para a transformação dessa realidade, tentando construir possibilidades para convertê-la em ação. Essa é uma diferenciação importante principalmente em relação ao significado atribuído por Thomas More ao conceito de *utopia* como algo *incongruente* com a realidade e que seja *inalcançável* na prática.

Na arena de disputa por legitimidade social os diversos conhecimentos podem adquirir basicamente uma das duas formas apontadas por Mannheim, convertendo-se em *ideologias* (quando visarem à manutenção) ou em *utopias* (quando desejarem o rompimento com a ordem existente). A versão alemã de 1929 de *Ideologia e*

---
[30] O segundo capítulo, intitulado "É possível uma Ciência da Política?" será tratado no próximo tópico, dado que, para os fins a que nos propomos, consideramos os assuntos e as reflexões nele contidas uma consequência das discussões de Mannheim sobre *ideologia* e sobre a *mentalidade utópica*.

utopia pode ser considerada uma obra mais revolucionária do que sua edição inglesa de 1936, justamente por conta da ênfase no caráter transgressor das utopias.[31]

Ao tratar da mentalidade utópica, Mannheim também afasta-se do pressuposto estrutural marxista, postulando em seu lugar o existencial (as formas materiais estruturais e simbólicas) como fundamento das utopias. O procedimento metodológico da análise situacional prescreve que para se compreender a natureza, a função e o alcance de determinado conhecimento social (*ideológico ou utópico*) é preciso levar em consideração os elementos existenciais dos grupos sociais que se encontram situados em uma dada configuração em disputas recíprocas, cada qual com seu interesse específico e produzindo conhecimentos concorrenciais. O caráter ideológico ou utópico desses conhecimentos deriva-se, portanto, da situacionalidade dos grupos em contenda:

> *O que em um dado caso aparece como utópico, e o que aparece como ideológico, depende essencialmente do estágio e do grau de realidade a que se aplique esse padrão. Claro está que os estratos sociais representantes da ordem intelectual e social prevalecente experimentarão como realidade a estrutura de relações de que são portadores, ao passo que os grupos de oposição à ordem presente se orientarão em favor dos primeiros movimentos pela ordem social pelos quais lutam e que, por seu intermédio, está realizando. Os representantes de uma ordem dada rotularão de utópicas*

---

[31] Na versão original do livro *Ideologia e utopia*, publicada em 1929 na Alemanha está o núcleo da obra que dialoga mais fortemente com a teoria marxista e que também faz uma análise das mentalidades, abrindo possibilidades para a compreensão do conservadorismo sob uma nova perspectiva. Esses dois ingredientes permitem situar o caráter mais provocador da obra no contexto europeu de fortalecimento de ideologias reacionárias.

> *todas as concepções de existência que do seu ponto de vista jamais poderão, por princípio, se realizar.* (MANNHEIM, 1972, p. 220)

Mannheim está, em outras palavras, colocando em uma abordagem perspectivista a questão do relacionismo e da análise situacional, que constituem a métrica para auferir o caráter ideológico e utópico de um dado conhecimento. A ideologia e a utopia, como produtos de grupos sociais que orientam o pensamento e a ação, apenas podem ser definidos de maneira complementar. Não existe, portanto, um conteúdo universal de ideologia ou de utopia, dado que apenas encontram as condições de surgimento e constituição a partir da (e tomando como referência a) ordem social vigente. Mannheim faz cessar, portanto, a possibilidade de existência de conceitos absolutos ou transcendentais de ideologia e utopia (no campo sociológico).

Em sua ontologia social há uma relativização do próprio conceito de *realidade social*, dado que o ato de conceituar (atribuir significados às coisas do mundo) já é fruto dessa disputa por legitimidade entre os diversos grupos sociais. A definição de *realidade social* será dada pelo grupo que conseguir legitimar seus produtos culturais – ou seja, seus conhecimentos. Será justamente em relação à essa definição "dominante" que outros grupos postularão definições alternativas, em contradição àquela e visando sempre a superá-la e substituí-la.

Para comprovar suas hipóteses, Mannheim empreende uma análise histórica das diversas mentalidades que se sucederam ao longo do tempo. De forma weberiana observa as principais características que se sobressaem e constrói uma tipologia ideal de *mentalidades ideológicas* e *utópicas*, as quais mantém vinculação com grupos sociais específicos (em disputa com outros grupos) e que estão, todos, situados em contextos históricos, sociais e políticos também específicos. Quanto à tipologia de *mentalidades utópicas*, Mannheim apresenta o quiliasma orgiástico, a ideia liberal-humanitária, a ideia conservadora e, por fim, a ideia socialista-comunista.

Mais importante que especificar as características de cada um desses tipos ideais – o que pode ser melhor realizado pela leitura do capítulo "A mentalidade utópica" – optamos por analisar a maneira como Mannheim compreende o movimento histórico ao qual se relacionam. A partir de sua ontologia social, podemos derivar a concepção de uma filosofia da história para Mannheim. Como cada conhecimento específico está vinculado a determinado grupo social, e, para cada momento certo tipo de conhecimento acabará por conquistar legitimidade social (tornando-se uma *ideologia*), consequentemente podem surgir formas de conhecimento que a contrariem (*utopias*). Esse é o movimento detectado por Mannheim ao longo da história em que é possível verificar a sucessão de mentalidades no contínuo fluxo de disputas por legitimidade. Cada utopia possui uma natureza revolucionária no momento em que surge vindo a transformar-se em conservadora a partir do instante em que consegue se efetivar (torna-se, então, uma *ideologia*).

A análise situacional de Mannheim, ao eleger como fundamental para a observação dos processos históricos o aspecto por ele denominado como existencial (infraestrutura e superestrutura) permite compreender os pensamentos e conhecimentos como produtos sociais e políticos que se cristalizam ao longo da história. Isso tornou possível uma reflexão sobre a gênese das *ideologias* e das *utopias* enquanto objetos culturais coletivos[32] de grupos sociais antagônicos em disputa, em última instância, por poder.

Mannheim finaliza esse capítulo[33] em 1929 com uma reflexão sobre o caráter dinâmico das *ideologias* e *utopias* nos processos históricos que estava vivenciando. Coincide justamente com o momento em que a Alemanha presencia a ascensão do nazismo e, de forma mais generalizada, de atitudes irracionais na política. Sua ênfase, nesse ponto, volta-se para o processo de transformação social e política através da análise das formas de mudança de mentalidade e as consequências decorrentes da maneira como tal processo ocorre. Os fatos históricos o levam a uma generalização: quanto mais pacífico for o processo de transformação de uma *utopia* em *ideologia*, mais conservador tenderá a ser a *mentalidade* predominante dele decorrente.

Dessa generalização Mannheim deriva uma segunda que diz que quanto mais pacífico for o processo anterior, maior será a tendência da próxima *mentalidade utópica* a radicalizar seu distanciamento em relação à ordem social existente – isso talvez traduza sua própria sensação em relação ao contexto em que estava vivendo – dado que se trata da única oportunidade que as

---

[32] Mannheim compreende a cultura no sentido em que a tradição alemã atribui ao termo *Kultur*, ou seja, como produtos civilizatórios que seriam por sua própria natureza coletivos.

[33] Por se tratar do terceiro e último capítulo do livro, essas são as palavras finais da obra *Ideologia e utopia*, na sua versão alemã de 1929.

formas utópicas podem encontrar para alcançarem a dimensão política e se afastarem do modelo utópico transcendentalista de Thomas More.

A mentalidade utópica assume o papel de motor da política na concepção historicista mannheimiana, uma vez que é justamente ela que tenciona os interesses sociais dos diversos grupos concorrentes. A dimensão simbólica é, portanto, o território em que as mentalidades disputam por poder e atualizam os processos históricos. A conclusão de Mannheim é que a utopia deve ser compreendida como condição necessária para a esfera política e realização histórica da racionalidade humana.

4.3 – A Ciência da Política

No segundo capítulo de *Ideologia e utopia*, Mannheim se propõe a discutir as possibilidades de uma Ciência da Política. Para tanto é necessário entender a especificidade dos conhecimentos políticos em relação aos demais tipos. Como o ambiente político alemão vivenciava a escalada do irracionalismo simultaneamente ao momento em que a trajetória de racionalização científica apresentava sinais de falência e que era alvo de muitos questionamentos, sua proposta gira em torno da necessidade de racionalização dos controles sociais. Ainda que seu diagnóstico remeta a um estado negativo, Mannheim (1972, p. 137) aponta para o fato de que compreender a crise seria o primeiro passo para revertê-la ao dizer que "tomar consciência de nossa ignorância seria da maior importância, pois, a partir daí, saberíamos então por que o conhecimento real e a comunicação não são possíveis nesse caso".

Sua discussão parte do ponto em que Schäffle[34] havia deixado a questão ao distinguir entre os "negócios rotineiros do Estado", mais ligados à administração e à rotinização, e a "política" propriamente dita, relacionada à tomada de decisões inéditas, compreendendo a política como a esfera de pensamento e ação em que fatos inusitados são analisados e em que é preciso decidir a seu respeito. Mannheim recoloca a questão em termos das esferas racionalizada e irracional, uma vez que ao Estado caberiam as ações rotineiras e burocratizadas, restaria à política tratar das ações na dimensão irracional:

> Por mais racionalizada que nossa vida possa parecer ter-se tornado, todas as racionalizações até aqui são meramente parciais, uma vez que as mais importantes esferas de nossa vida social se acham ainda agora presas ao irracional (MANNHEIM, 1972, p. 141).

A sistematização do conceito de realidade existencial em sua dimensão política poderia ser feita a partir de uma primeira divisão entre as esferas racional e irracional, às quais corresponderiam, respectivamente, uma ação burocrática e uma conduta política.

Ao designar a ação política dos indivíduos, situados existencialmente em grupos sociais concorrentes, pelo termo conduta política, Mannheim pressupõe o tipo de vinculação existente entre tais condutas e os conhecimentos, o que remeteria diretamente às relações entre a teoria e a prática. O título do segundo capítulo de *Ideologia e utopia* é, na verdade, uma questão que fica melhor explicada quando Mannheim afirma que:

---

[34] Albert Schäffle (1831-1903), economista político alemão, atuou na Universidade de Tübingen e posteriormente como professor de Ciência Política na Universidade de Viena.

> *Todavia, a conduta política está relacionada ao Estado e à sociedade na medida em que estão ainda em processo de transformação. A conduta política tem pela frente um processo no qual cada momento cria uma situação singular e procura extrair dessa permanente corrente de forças, algo duradouro. Então a questão é: Há uma ciência dessa transformação, uma ciência da atividade criadora?* (MANNHEIM, 1972, p. 138)

A ação burocrática, que se caracteriza por sua racionalização como normatização rígida de procedimentos a serem adotados, é por ele considerada uma reprodução e não como uma conduta. De todas as esferas da existência humana são justamente a economia e a política as que mais necessitam de tomadas de decisões inéditas e que, portanto, contém maior potencial de irracionalidade. A mera reprodução visa à repetição de ações já existentes e conhecidas (procedimentos burocráticos) ao passo que a conduta política coloca os indivíduos diante do inusitado. Mannheim (1972, p. 141) afirma que "as duas principais fontes de irracionalismo na estrutura social (a competição sem controle e a dominação pela força) constituem a esfera da vida social ainda não organizada na qual a política se torna necessária". Há nesse momento muito mais uma epistemologia da Ciência Política que uma teoria política propriamente dita[35].

---

[35] À semelhança do que fizera Comte com a sociologia, Mannheim não está formalizando a Ciência Política nos rigores teóricos e metodológicos como um projeto mais acabado, estando, por sua vez, mais próximo do que poderia ser considerada uma abordagem inicial do assunto, na qual se aponta a necessidade e viabilidade de tal ciência, estando duas discussões mais circunscritas ao âmbito das possibilidades e limitações de tal empreendimento.

4. O momento alemão

É necessário estabelecer uma distinção ao utilizarmos a expressão Conhecimento Político, dado que há duas possibilidades de compreendê-la. Uma primeira remete ao conhecimento produzido pelos grupos sociais com vistas à ação, cuja natureza seria, portanto, política. Por outro lado também é possível compreender a expressão como significando uma Ciência Política, ou seja, um conhecimento *sobre* a natureza e a dinâmica dos processos políticos (reproduções e condutas). Para evitarmos ambiguidades sempre que nos remetermos ao segundo sentido utilizaremos a expressão Ciência Política, reservando a expressão Conhecimento Político às visões de mundo dos grupos sociais orientadas para a conduta na realidade política.

É evidente que tanto a reprodução quanto a conduta possuem uma orientação para a prática na concepção de Ciência Política de Mannheim, diferenciando-se em relação ao grau de racionalização que apresentam. Disso decorre que os conhecimentos – que orientam a ação – somente podem ser compreendidos em relação ao contexto existencial e às práticas a que se destinam. Não há um sentido predeterminado da conduta política, desaparecendo a possibilidade de teleologia, ainda que exista uma orientação de racionalizar o irracional com vistas à obtenção do melhor resultado social possível. Florestan Fernandes (1970, p. 228) afirma, a esse respeito, que a função da política para Mannheim "(...) não é indicar normas e fins. Ao contrário, deve fornecer meios racionais de ação, capazes de acelerar as transformações necessárias no sentido socialmente desejado ou desejável". Já se encontram aqui as bases de seu pensamento político que serão utilizadas posteriormente em sua teoria da planificação democrática, a qual equivaleria justamente em submeter a esfera irracional da política ao máximo de controle racional nas condutas políticas, resguardadas a democracia e a liberdade. Em linhas gerais essa seria a concepção de Ciência Política para Mannheim presente nesse capítulo de *Ideologia e utopia*.

Resta então descrevermos o que seria sua concepção de Conhecimentos Políticos dos grupos sociais. Partindo de sua Ontologia Social e de sua Sociologia do Conhecimento, as quais pressupõem que todos os conhecimentos tenham vinculações existenciais, é necessário compreender também os Conhecimentos Políticos como relacionais. A conduta política seria orientada basicamente pelos dois tipos de conhecimentos por ele já abordados, a saber, *ideológicos* ou *utópicos*, que se encontram em constante disputa. Essa situação aponta para o fato de que:

> As grandes dificuldades com que o conhecimento científico se defronta nesse campo surgem do fato de que não estamos lidando com entidades objetivas e rígidas, mas com tendências e anseios em constante fluxo. Outra dificuldade é que a constelação das forças em interação muda continuamente. Onde quer que as mesmas forças, cada uma imutável em caráter, interajam, e onde sua interação siga um curso regular, é possível formular leis gerais. O que não é tão fácil quando novas forças estão penetrando incessantemente no sistema e formando combinações imprevisíveis. (MANNHEIM, 1972, p. 142)

Um bom exemplo das análises que Mannheim empreende sobre os Conhecimentos Políticos e sobre a Ciência da Política são suas observações a respeito do recente fenômeno do fascismo no cenário europeu. Seus interesses voltam-se para os aspectos do comportamento dos líderes e das massas e o papel da Ciência Política seria a produção de uma grande síntese que seria alcançada mediante a educação política dos grupos sociais em contenda. O dilema dessa ciência consistiria em evitar o extremo relativismo, dado que nenhum conhecimento político poderia reivindicar o *status* de absoluto e universal. A solução por ele encontrada aponta para o papel de mediação que a *intelligentsia* exerceria nesse processo de produção da síntese. Reconhecendo sua dívida e gratidão a Alfred Weber, ele afirma que:

> Esse estrato desamarrado, relativamente sem classe, consiste, para usar a terminologia de Alfred Weber, na "intelligentsia socialmente desvinculada" (freishwebende Intelligenz). Seria impossível, a esse respeito, esboçar no mais esquemático dos resumos o difícil problema sociológico colocado pela existência do intelectual. Mas os problemas de que estamos tratando não poderiam ser formulados adequadamente, e muito menos resolvidos, sem que abordássemos certas questões relativas à posição dos intelectuais. Uma sociologia orientada apenas para a referência a classes socioeconômicas jamais compreenderá adequadamente esse fenômeno. De acordo com a teoria, os intelectuais constituem uma classe, ou, pelo menos, um apêndice de uma classe. (...) Entretanto, um exame mais próximo da base social desses estratos mostrará que são menos claramente identificados a uma classe do que aqueles que participam mais diretamente no processo econômico. (MANNHEIM, 1972, p. 180)

A discussão de Mannheim sobre os intelectuais despertou muitas controvérsias. Para citarmos apenas duas, Bottomore (1974) e Bobbio (1997) classificam-no como elitista e Machado Neto (1956) diz que Mannheim estaria filiado à tradição dos reis filósofos de Platão. O importante de se ressaltar a esse respeito é que Mannheim utiliza dois conceitos com sentidos distintos: o de *intelligentsia*, que seria um estrato social e, portanto, coletivo, e o de intelectual, como indivíduo situado existencialmente nos grupos sociais. Ao intelectual Mannheim reconhece a possibilidade de vinculação existencial a interesses de classes, todavia, quando os intelectuais conseguem analisar a situação e os processos sociais em uma perspectiva mais ampla – maior que sua própria perspectiva como membro de uma determinada classe ou grupo – convertem-se em *intelligentsia*, que, por sua vez, seria o estrato social capaz de produzir as sínteses sociais e políticas através das suas interpretações. É evidente que há muito de sua vida pessoal nesses conceitos, uma vez que Mannheim sentia na própria pele a urgência de que ele e os demais intelectuais tivessem legitimidade para interpretar a realidade política e orientar a conduta dos indivíduos. Quanto à natureza do vínculo entre o conhecimento e o pensamento – ou ainda, entre o conhecimento e o contexto existencial – Mannheim chega a estabelecer uma distinção ao falar de interesses e comprometimentos. O primeiro vínculo estaria mais próximo das bases materiais econômicas, ao passo que o segundo seria o equivalente a escolhas intencionais que poderiam destoar daquelas geralmente esperadas para o vínculo de classe que o indivíduo mantém (com essa distinção torna-se mais fácil desfazer a teleologia implicada na relação entre vínculo de classe e tipo de ação política).

Ao finalizar esse segundo capítulo de *Ideologia e utopia*, Mannheim volta-se para as questões contemporâneas. Se a Ciência da Política objetiva a uma maior conscientização do inconsciente coletivo, ou ainda a uma máxima racionalização do irracional coletivo, e se compreende a análise das reproduções (burocráticas e previsíveis) e das condutas (deliberações sobre o inusitado), então o elemento central que faria a mediação entre reproduções e condutas seria a ética, a qual imporia uma necessidade de calcular o impacto das decisões para toda a coletividade.

5.
O momento inglês
a obra publicada em 1936

5. O momento inglês

Já dissemos algumas palavras sobre as duas edições do livro *Ideologia e utopia* publicadas pelo próprio Mannheim em momentos e contextos políticos e intelectuais bastante diferentes. Michel Löwy (2010) diz que uma das diferenças mais relevantes consiste justamente no protagonismo dado aos intelectuais como portadores da síntese política, em 1929, papel agora atribuído à própria ciência (nesse caso, especificamente, à Sociologia do Conhecimento e à Política Científica) nessa edição de 1936. Entre os acréscimos que a obra passou a contar a partir de então temos o já mencionado extenso prefácio escrito por Louis Wirth e mais dois capítulos introduzidos pelo autor, e também a modificação no título do capítulo que tratava sobre Ciência Política. Abaixo apresentamos um quadro contrastando as duas edições em que ficam mais visíveis tanto os acréscimos de capítulos quanto a modificação na redação do título daquele que passou a ser seu terceiro capítulo:

Quadro 2
Comparação das duas edições de *Ideologia e utopia* a partir dos títulos de seus capítulos

Edição alemã de 1929	Edição inglesa de 1936
	Prefácio de Louis Wirth
	1. Abordagem preliminar do problema
1. Ideologia e utopia	2. Ideologia e utopia
2. É possível uma Ciência da Política?	3. Panorama de uma Política Científica: a relação entre a teoria social e a prática política
3. A mentalidade utópica	4. A mentalidade utópica
	5. A Sociologia do Conhecimento

5.1 – A Sociologia do Conhecimento de Karl Mannheim – seu estado em 1931

O último capítulo que aparece na edição de 1936, intitulado "A Sociologia do Conhecimento" fora escrito por Mannheim ainda na Alemanha e publicado em 1931 como verbete no *Dicionário de sociologia* de Alfred Vierkandt. A preocupação de Mannheim nesse verbete era tornar mais clara a natureza, o objeto e o método da Sociologia do Conhecimento, uma vez que já havia assumido o cargo de *privatdozent* na Universidade de Frankfurt dois anos antes de Vierkandt publicar o dicionário e já se tornara a maior referência no assunto após a publicação do livro *Ideologia e utopia* em 1929. Por se tratar de um texto não muito longo, era necessária uma concisão e objetividade na explicitação da vinculação existencial do pensamento e do conhecimento, e também colocar em relevo a estreita relação entre o pensamento e a ação.

Mannheim utiliza a expressão "estruturas mentais" e preserva intactos os conceitos de *ideologia particular* e *ideologia total*. A Sociologia do Conhecimento é colocada como perspectiva de análise e compreensão de objetos culturais tais como o pensamento e o conhecimento. Após sua chegada à Inglaterra e seu contato mais íntimo com a tradição do pragmatismo e do utilitarismo, Mannheim adotará o termo *perspectiva* no lugar de *ideologia* na maioria das vezes em que fizer menção ao fenômeno do Conhecimento Político, o que reposiciona a ênfase, não mais para o conteúdo ou o alcance e sim para o processo de gênese e o modo de percepção desse tipo de conhecimento.

Nessa sistematização a Sociologia do Conhecimento surge tanto como teoria quanto como método histórico-sociológico de pesquisa. Dessa constatação Mannheim deriva consequências empíricas (a Teoria da Determinação Social do Conhecimento) e epistemológicas. Sua Ontologia Social diz que os interesses dos grupos são anteriores aos dos indivíduos, e, portanto, o pensamento e o conhecimento seriam produtos privilegiados para se compreender as ações sociais e, entre elas, principalmente as condutas políticas. É reafirmada a relevância – na análise sociológica e política do conhecimento – dos fatores extrateóricos, vinculados ao contexto existencial, que atuam na cristalização das formas de pensamento dos grupos sociais. A concepção de experiência social emerge a partir da perspectiva dos grupos. Os conflitos entre indivíduos portadores de interesses antagônicos teriam sua gênese nos grupos em que estariam inseridos, os responsáveis por moldar estilos de pensamento que reproduzem seus interesses e comprometimentos.

Estão também reafirmadas as questões da posição social do investigador (que antes fora tratada como a natureza dos intelectuais) e o relacionismo situacional. O perspectivismo assume posição central na nova conceituação da Sociologia do Conhecimento:

> *Nesse sentido, "perspectiva" significa a maneira pela qual se vê um objeto, o que se percebe nele, e como alguém o constrói em pensamento. A perspectiva é, portanto, algo mais do que a determinação meramente formal do pensamento. Refere-se, também, a elementos qualitativos da estrutura de pensamento, elementos que devem ser necessariamente negligenciados por uma lógica puramente formal. São precisamente tais fatores os responsáveis pelo fato de que duas pessoas possam – ainda que apliquem de forma idêntica as mesmas regras lógico-formais, como, por exemplo, a lei da contradição ou a fórmula do silogismo – julgar o mesmo objeto de forma bastante diferente.* (MANNHEIM, 1972, p. 294)

A visão de mundo (*weltanschauung*) do grupo é fundamental para a compreensão dos conhecimentos produzidos individualmente. Nesse ponto Mannheim (1972, p. 295) está radicalizando a discussão sobre neutralidade axiológica levada a cabo por Max Weber, ao afirmar que "o pensamento é dirigido de acordo com as expectativas de um grupo social específico", concomitantemente à radicalização do contraste entre seu perspectivismo e o objetivismo positivista da filosofia analítica. A posição social do indivíduo que pensa é um fator condicionante do modo de pensamento[36] e dos conhecimentos por ele produzidos, o que possibilitaria múltiplas explicações sobre um mesmo fato, objeto ou acontecimento. A compreensão do mundo seria, assim, um processo operado pela estrutura de pensamento na qual uma clivagem fundamental é feita em relação a todas as coisas do mundo: aquelas que devem permanecer como estão e as que o grupo deseja modificar de alguma maneira. A natureza e o papel da Sociologia do Conhecimento, bem como a da Política Científica, evidenciando sua posição de produtores de síntese, seriam colocados da seguinte maneira:

> *A Sociologia do Conhecimento busca ultrapassar a "discussão sem reconhecimento" dos vários antagonistas, assumindo como seu tema explícito de investigação, a descoberta das origens dos desentendimentos parciais que nunca seriam percebidos pelos disputantes, devido à sua preocupação com o assunto imediato em debate. (...) O que dentro de um dado grupo se aceita como absoluto aparece, a quem está de fora, como condicionado pela situação do grupo e é reconhecido como parcial.* (MANNHEIM, 1972, p. 302)

O relacionismo como núcleo do método da Sociologia do Conhecimento permite a Mannheim deslocar suas consequências puramente epistemológicas e sociológicas para a arena da política. O reconhecimento da particularização dos conhecimentos não leva a um relativismo filosófico que reconheceria imediatamente a validade dos mesmos e aponta para condições de

---

[36] Ao longo do texto Mannheim utiliza em sentido homônimo as expressões *modelos de pensamento, formas de pensamento* e *estilos de pensamento*.

possibilidade em que tais conhecimentos poderiam ser considerados válidos a partir de suas vinculações com o contexto existencial. A própria epistemologia tradicional é submetida à análise sociológica:

> *Dessa forma, a Sociologia do Conhecimento penetra, em um dado ponto, e através de suas análises por meio do método de particularização, igualmente no domínio da Epistemologia, na qual resolve o possível conflito entre as várias Epistemologias, concebendo cada uma como subestrutura teórica apropriada meramente a uma só forma dada de conhecimento. A solução final do problema apresenta-se, então, de tal forma que somente após a justaposição dos diferentes modos de conhecimento e de suas respectivas Epistemologias é que se pode elaborar uma Epistemologia mais fundamental e inclusiva.* (MANNHEIM, 1972, p. 312)

O que se depreende disso é que o contexto de surgimento (gênese) e o de validação de um conhecimento não são tão distintos como a epistemologia tradicional de orientação naturalista os apresenta. Mannheim está afirmando que tal orientação epistemológica estaria mais apta a validar apenas os conhecimentos vinculados às ciências naturais, dado que parte de uma concepção de contexto de gênese em que há uma distância gigantesca entre o conhecimento produzido e o ato de conhecer. Tal vertente epistemológica encontraria no behaviorismo uma de suas expressões mais bem acabadas. A perspicácia de Mannheim, ao observar as intenções dos behavioristas, consistiu justamente em afirmar que tal Epistemologia Naturalista não poderia ser confundida com todas as epistemologias existentes. O fato de que o contexto de gênese dos conhecimentos das ciências naturais não seja significativo para seu contexto de validação não permite generalizar que nenhum contexto de gênese será significativo no momento de verificar sua validade:

> A "existência social" é, portanto, uma área de ser, ou uma esfera de existência, que a ontologia ortodoxa, que somente reconhece o dualismo absoluto entre, de um lado, o ser desprovido de significado, e, do outro, o significado, não leva em consideração. Poderíamos caracterizar uma gênese desse tipo chamando-a de "gênese significativa" (Sinngenesis) em contraste com a "gênese fatual" (Faktizitätsgenesis). Se se tivesse em mente um modelo desse tipo ao se declarar a relação entre ser e significado, não se teria assumido como absoluta, na Epistemologia e na Noologia, a dualidade entre ser e validade. (MANNHEIM, 1972, p. 314)

A consequência da possibilidade de existência não desvinculada dos contextos de gênese e de validação dos conhecimentos permite uma compreensão mais estreita entre pensamento e ação, a qual Mannheim designa como elemento ativista *no* conhecimento. Não existe, portanto, conhecimento desinteressado ou completamente desligado dos interesses existenciais dos grupos. O ideal epistemológico impessoal, na medida em que se mostra impraticável nas ciências humanas, precisa ser substituído por uma epistemologia perspectivista que admita seus próprios limites, mas que, em contrapartida, pressuponha também as condições de possibilidade de objetividade através da construção de um método mais sólido para a análise e produção da síntese de perspectivas.

Poderíamos ainda apontar, por fim, mais uma característica desse texto escrito em 1931: situa-se muito próximo do momento em que Mannheim será exilado para a Inglaterra, guardando vínculos de estilo estreitos ao ensaístico germânico, mas já apontando para uma abertura – e reposicionamento – de temas na sua agenda de pesquisa. Apesar de seu aspecto de verbete, podemos encontrar nessa obra alguns elementos que seriam mais intensivamente explorados na edição de 1936 e também uma abertura maior para a esfera da política, típica das obras de Mannheim dos anos 1940.

5.2 – Um esboço da disciplina para o público de língua inglesa em 1936

Embora surja como primeiro capítulo de *Ideologia e utopia* na edição inglesa de 1936, o texto intitulado "Abordagem preliminar do problema" foi exatamente o último, entre os que compõem a obra, a ser escrito por Mannheim. Nesse momento ele está preocupado não apenas com um maior rigor conceitual como também em conseguir uma aceitação mais ampla de suas teorias no cenário intelectual de tradição inglesa. Suas interpretações sobre a ascensão do nazismo ao poder na Alemanha ao mesmo tempo em que traziam um diagnóstico da conjuntura apontavam para os perigos futuros. Salta à vista o último item deste capítulo: *O controle do inconsciente coletivo como um problema de nossa época*. A especificidade da posição de Mannheim, um intelectual altamente renomado e reconhecido internacionalmente como pertencente ao contexto germânico fazia com que suas teorias adquirissem uma importância ainda maior, principalmente para os Estados Unidos e para a Inglaterra, que nesse momento estavam em uma aliança contra o nazismo alemão e o fascismo italiano.

A frase com que Mannheim (1972, p. 29) abre a obra na versão inglesa já indica a tônica das observações e críticas que surgirão nas próximas cinquenta páginas que compõem a abordagem preliminar: "Este livro se dedica ao problema de como os homens realmente pensam". Ao público inglês o autor salientou o corte ontológico e epistemológico de sua Sociologia do Conhecimento em relação à Teoria Filosófica do Conhecimento. Ressaltou também que não pretendia estender o método da Sociologia do Conhecimento a todo e qualquer tipo de conhecimento, mas tão somente àqueles que, no momento de sua gênese, estivessem vinculados ao contexto existencial dos grupos sociais que os produziam.

Mesmo reconhecendo que somente as mentes individuais são capazes de pensar, o autor afirma, contudo, que os indivíduos não pensam de maneira isolada no mundo e sim que os modos de pensamento já se encontram cristalizados nos grupos sociais. Mannheim (1972, pp. 30-31) diz que o indivíduo "pensa do modo que seu grupo pensa", já encontrando, durante o ato de pensar um certo repertório (conceitos, categorias) e uma perspectiva (estilos de pensamento) preexistentes. A maior proximidade com o pragmatismo fez com que Mannheim chegasse, nesse momento, a uma maior radicalização quanto à vinculação entre a teoria e a prática, ressaltando o aspecto de orientação para a ação presente nos conhecimentos. Pensar e agir são, assim, dois momentos intrínsecos e complementares de um mesmo fenômeno. O controle racional da atividade política e o controle racional do inconsciente coletivo são as metas da Sociologia do Conhecimento.

A natureza da Modernidade teria permitido o surgimento de um pluralismo de sentidos para as coisas do mundo, preparando o terreno para as disputas entre as diferentes visões de mundo pela legitimidade social e política. Isso explicaria o fato de que a visão de mundo nazista teria encontrado à sua disposição no contexto existencial alemão uma forte sustentação em diversos grupos sociais que teriam legitimado suas pretensões de obter hegemonia política. Mannheim considera esse fato um lapso da democracia que justificaria a necessidade de um maior controle racional das estruturas de pensamento e das condutas políticas caso se queira preservar a liberdade e a democracia da influência destrutiva do irracionalismo.

A Modernidade representava, então, no plano epistemológico, a possibilidade de se construir conhecimentos concorrentes, ou seja, diferentes formas de se compreender um mesmo objeto ou fenômeno, cuja primeira consequência, quando transposta para a esfera da política, seria a disputa entre os diferentes conhecimentos produzidos pelos diversos grupos sociais:

Gráfico 2

Produção de conhecimentos concorrenciais para Mannheim.

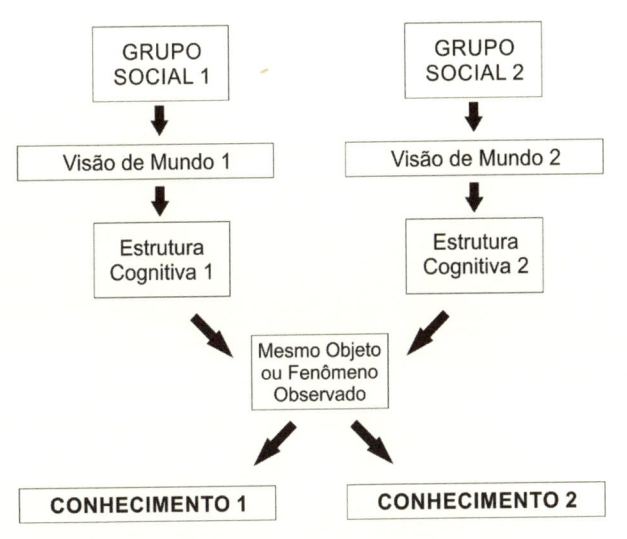

```
    GRUPO              GRUPO
   SOCIAL 1           SOCIAL 2
      ↓                  ↓
 Visão de Mundo 1   Visão de Mundo 2
      ↓                  ↓
   Estrutura          Estrutura
   Cognitiva 1       Cognitiva 2
         ↘          ↙
        Mesmo Objeto
        ou Fenômeno
         Observado
         ↙          ↘
 CONHECIMENTO 1    CONHECIMENTO 2
```

A maior possibilidade de mobilidade social (termo adaptado por Mannheim ao cenário inglês) o faz pensar em uma dilatação do escopo da Sociologia do Conhecimento ao inserir entre seus objetivos a obtenção de uma máxima democratização geral. A existência de contradições e conflitos, decorrentes da crise de sentido na Modernidade, não seria o problema principal a ser enfrentado na esfera social e política – nesse momento Mannheim faz uma analogia com o contexto grego de Sócrates – mas a necessidade de que, diante de tal cenário epistemológico perspectivista, se tornasse possível postular regras racionais de conduta política visando à preservação da integridade de todos os grupos em disputa. Sua teoria da *intelligentsia* ganha uma nova forma na qual a democracia estaria presente não apenas nos fins a que visava a *intelligentsia*, mas na própria constituição desse estrato social:

> Sua característica principal é a de ser recrutada, de modo cada vez mais frequente, em estratos e situações de vida constantemente variáveis, e de seu modo de pensamento não mais estar sujeito a ser regulado por uma organização do tipo casta. Devido à ausência de uma organização social própria, os intelectuais permitiram que os diversos modos de pensamento e de experiência chegassem a competir abertamente entre si, no mundo mais amplo dos demais estratos. Quando, além disso, se considera que, com a renúncia aos privilégios de uma existência do tipo casta, a livre competição começou a dominar os modos de produção intelectual, compreende-se porque, na medida em que estavam em competição, os intelectuais adotaram, de forma cada vez mais pronunciada, os mais variados modos de pensamento e de experiência à disposição na sociedade, e os jogaram uns contra os outros. E assim fizeram porque tinham de competir pelos favores de um público que, diferentemente do público do clero, não mais lhes seria acessível sem esforço. Tal competição pelos favores dos vários grupos de público foi acentuada porque os modos de experiência e pensamento de cada grupo obtiveram progressivamente expressão pública e validade. (MANNHEIM, 1972, pp. 39-40)

Retoma em novos termos a função social do conhecimento, o papel dos intelectuais e a vinculação existencial entre ser e pensamento. De forma sistemática e didática, Mannheim apresenta a discussão ontológica e epistemológica que fará no capítulo seguinte (o qual era, originalmente, o primeiro capítulo da edição alemã de 1929). Além dessa ampliação do escopo da Sociologia do Conhecimento e de seu reposicionamento – agora como método para a Política Científica – Kettler et al. apontam para diversas mudanças semânticas que podem ser encontradas na edição inglesa de 1936:

Modifica-se o efeito da obra, primeiro, pela transformação do vocabulário teórico, deslocando do universo do discurso filosófico das ciências humanas alemãs e pós-hegelianas para os marcos de referência psicológicos da filosofia inglesa pós-utilitarista, com suas ênfases características nas distinções entre os juízos de fato e os juízos de valores, ou ainda do pragmatismo norte-americano. O "espírito" (Geist) se converte em "mente" ou "intelecto"; a "consciência" (Bewusstsein) converte-se em "atividade mental" ou "avaliação"; os diversos termos para nomear a direcionalidade objetiva da vontade, sua tendência até um ou outro estado de coisas, convertem-se em "interesses", "propósitos", "normas" ou "valores"; as "estruturas primitivas da mente" convertem-se em "mecanismos irracionais"; e a "falsa consciência" divide-se entre "conhecimento errôneo" e "atitude ética carente de validade". E também as afirmações distintivas sobre as conexões internas entre localização social, desígnio prático e conhecimento social, características da Sociologia do Conhecimento entendida como organon *não são fáceis de se compreender.* (KETTLER *et al.*, 1989, pp. 212-213 – tradução nossa)[37]

---

[37] *Se cambia el efecto de la obra, primero, por la transformación de vocabulario teórico, desplazándolo del universo del discurso filosófico de la pos-hegeliana y alemana Geisteswissenschaften hasta los marcos de referencia psicológicos de la filosofía inglesa pos-utilitarista, con sus característicos hincapiés en las distinciones entre los juicios sobre hechos y los juicios sobre valores, o del pragmatismo norteamericano. El "espíritu" (Geist) se convierte en "mente" o "intelecto"; la "conciencia" (Bewusstsein) se convierte en "actividad mental" o "evaluación"; los diversos términos para nombrar a la direccionalidad objetiva de la voluntad, su tendencia hacia uno u otro estado de cosas, se convierten en "intereses", "propósitos", "normas" o "valores"; las "estructuras primigenias de la mente" se convierten en "mecanismos irracionales"; y la "conciencia falsa" se divide entre "conocimiento erróneo" y "actitud ética carente de validez". Además, las afirmaciones distintivas acerca de las conexiones internas entre localización social, designio práctico y conocimiento social características de la sociología del conocimiento entendida como organon no son fáciles de capitar.*

A constatação de que a política possui um papel preponderante na formação e legitimação social dos conhecimentos é fundamentada por Mannheim a partir de evidências históricas: a) a formação das múltiplas visões de mundo a partir do final da tradição e do início da Modernidade; b) o surgimento do modo de produção capitalista havia instigado uma maior racionalização na esfera produtiva econômica que seria disseminada para outras esferas da vida; c) o aparecimento dos partidos políticos fundados em filosofias políticas específicas (liberalismo, conservadorismo, socialismo, e suas variantes); e d) o cientificismo do século XIX que favorecera, na esteira do capitalismo, a racionalização de todas as esferas da existência humana.

Todavia, a racionalidade que tanto encontrara espaço e legitimação social e política também vinha agora acompanhada pela intensificação da irracionalidade nos meios e nos fins da conduta política desde o início do século XX. Mannheim sintetiza as primeiras décadas desse século como um momento de crise no qual as diversas perspectivas sobre a realidade não somente estavam em conflito como haviam elevado a um grau extremo a oposição entre os grupos, chegando ao limite em alguns casos nos quais certos grupos propunham até mesmo a eliminação de seus oponentes (não deixa de ser uma forma de conceber o totalitarismo, ainda que sem o enunciar nesses termos). A Sociologia do Conhecimento teria nesse caso o papel de emancipação ao tornar conscientes as motivações das condutas que até então estavam inconscientes. Sem o dizer explicitamente, Mannheim está se aproximando do conceito kantiano de esclarecimento e do conceito freudiano de cura *pela* consciência.

Feitas essas observações e reposicionamentos conceituais Mannheim finaliza sua abordagem preliminar indicando o caminho para a efetivação da análise sociológica do conhecimento. Estabelecido o objetivo de relacionar estilos de pensamento a grupos sociais e contextos históricos específicos, com a finalidade de obter mais ferramentas para a conscientização e racionalização da conduta política, a questão metodológica deveria ser alcançada por dois procedimentos fundamentais: a) o refinamento de conceitos e categorias para a análise; e b) uma dilatação do escopo da História Social enquanto técnica da Sociologia do Conhecimento.

Mannheim faz uma brevíssima apresentação dos próximos capítulos, finalizando assim sua intenção de "costurar" os textos de 1929, 1931 e 1936. Algumas interpretações apontando para o fato de que a *intelligentsia* estaria perdendo terreno, como portadora da síntese, na Sociologia do Conhecimento de Mannheim, podem até sustentar-se quando observamos apenas esse novo capítulo da edição inglesa, contudo, ao se colocar no horizonte as publicações futuras de Mannheim (em especial *Diagnóstico de nosso tempo* e *Homem e sociedade*), é possível verificar o protagonismo da *intelligentsia* como mediadora entre o Estado e a sociedade.

Mais algumas palavras

O objetivo a que nos propusemos nos impôs uma análise mais intensa da própria obra *Ideologia e utopia* em detrimento de obras e textos de comentadores. Na medida do possível introduzimos esses últimos na tentativa de apresentar, ainda que de maneira introdutória, alguns elementos do debate intelectual sobre o tema que tratamos. Uma dificuldade adicional pode ser constatada: não foi possível alargar a análise e introduzir reflexões sobre as outras áreas com as quais Mannheim dialoga e nem mesmo um mergulho em maior profundidade nos dados referentes ao contexto histórico e político em que produziu suas obras.

Mas as posições que tomamos justificam-se diante da tarefa maior que tínhamos em vista que era evidenciar e contrastar os deslocamentos teóricos de Mannheim na versão inglesa de 1936 do livro *Ideologia e utopia* comparativamente à versão alemã anterior de 1929. Das discussões que fizemos nas páginas anteriores podemos inicialmente concluir não somente que a versão inglesa tornou-se, a partir de então, a versão oficial da obra (a versão que foi traduzida para outros idiomas e que circulou em outros ambientes intelectuais), mas também que há certa dificuldade em considerá-la como uma obra integral sem que se tenha conhecimento das continuidades e rupturas entre suas duas versões.

Pensamos que seja relevante apresentar um argumento de Léo Peixoto Rodrigues que tenta contextualizar as críticas feitas a Mannheim, a maioria delas incorrendo em anacronismo histórico ao cobrar que ele tratasse de questões que somente vieram à tona algum tempo após sua morte:

> *No que se refere à Sociologia do Conhecimento proposta por Mannheim, é importante salientar que o "momento epistemológico" em que ele propõe, mesmo que de forma vacilante, que o conhecimento seja relativizado ao âmbito de sua produção, colidia frontalmente com a concepção de ciência vigente, que buscava regularidades universalizantes. Mesmo os clássicos, em algum momento de suas obras, "positivaram", ou objetivaram, seu objeto, restringindo a possibilidade interpretativa. As atuais perspectivas epistemológicas, teóricas e metodológicas, que contemplam a complexidade do real, não estavam disponíveis para que Mannheim pudesse incrementar seus argumentos, sejam teóricos, sejam metodológicos.* (RODRIGUES, 2005, pp. 81-82)

Nesse sentido o próprio Mannheim (1972, p. 267) alertara que: "Quanto mais um grupo se prepara para assumir o poder e busca tornar-se um partido, tanto menos tolerará um movimento que, de forma sectária e irruptiva, vise, em algum momento, tomar de assalto as fortalezas da história". Esse argumento já seria, a meu ver, suficiente para justificar a relevância de *Ideologia e utopia* no debate intelectual dos anos 1930 no qual se fazia urgente a necessidade de tornar conscientes os aspectos inconscientes que dificultavam a convivência coletiva de grupos sociais concorrentes e colocavam em risco a existência da própria humanidade. Isso explica a receptividade das teses de Mannheim em outros países em momentos e conjunturas distintas, como por exemplo nos Estados Unidos dos anos 1940 e 1950 ou ainda na Argentina e no Brasil dos anos 1950 e 1960. Vamos apresentar a seguir algumas sugestões de leitura (as indicações completas com todas as referências podem ser consultadas nas *Referências bibliográficas* ao final deste livro) que possam interessar a quem deseja se aprofundar mais nos temas tratados por Mannheim.

Para uma apresentação inicial sobre a vida e obra de Mannheim sugerimos a leitura do capítulo "As publicações póstumas de Karl Mannheim" em *Ensaios de sociologia geral e aplicada*, de Florestan Fernandes. Do mesmo autor sugerimos a leitura do capítulo "A concepção de Ciência Política de K. Mannheim" presente no livro *Elementos de sociologia teórica*. Há também uma publicação organizada por Marialice Foracchi e coordenada por Florestan Fernandes intitulada *Mannheim* publicada na *Coleção grandes cientistas sociais*. Por fim, sobre esse assunto há a obra em espanhol dos autores David Kettler, Volker Meja e Nico Stehr intitulada *Karl Mannheim* (editora Fondo de Cultura Económica). O livro *Marx e Mannheim* de A. L. Machado Neto explora alguns aspectos teóricos e biográficos de Mannheim. Uma excelente leitura introdutória pode ser encontrada em *The Sociology of Karl Mannheim*, de Gunter Remmling. Outra publicação em inglês intitulada *The Intellectual Development of Karl Mannheim*, de C. Loader traça um perfil biográfico-intelectual de Mannheim. Pode também ser consultado o livro *From Karl Mannheim*, de Kurt H. Wolf.

Para aprofundar os estudos sobre Sociologia do Conhecimento de Karl Mannheim recomendamos o capítulo da professora Vera Alves Cepêda intitulado "A Sociologia do Conhecimento de Karl Mannheim" em *Sociologia da Ciência: primeiras aproximações*. O livro *Introdução à Sociologia do Conhecimento, da ciência e do conhecimento científico*, do professor Léo Peixoto Rodrigues também constitui-se em uma excelente leitura sobre o assunto. Existem também dois manuais bastante interessantes que podem ser consultados: *Formação e temática da Sociologia do Conhecimento*, de A. L. Machado Neto e *Sociologia da cultura*, de Armand Cuvillier. Há também o capítulo "Karl Mannheim and the Sociology of Culture", em *Classical Sociology*, de Bryan Turner. O título *Karl Mannheim's Sociology of Knowledge*, de A. P. Simonds traz outra abordagem sobre o assunto.

Sobre o tema da *ideologia* (e o tema correlato de *utopia*) há um excelente capítulo intitulado "Karl Mannheim on Ideology and Utopia" na obra *Classical Sociology*, de Bryan Turner. De A. L. Machado Neto, sugerimos a leitura do livro *Da vigência intelectual*. O livro *Ideologias e Ciência Social*, de Michael Löwy traz uma abordagem bastante acessível sobre vários aspectos da teoria da ideologia de Mannheim. Também recomendamos *The Concept of Ideology*, de Jorge Larraín; *El Concepto de Ideología – Comentário Crítico y Selección Sistemática de Textos*, de Kurt Lenk, e *Ideologia – uma introdução*, de Terry Eagleton. Complementando esse assunto, indicamos sobre o tema dos intelectuais as obras *As elites e a sociedade*, de Tom Bottomore, *Os intelectuais e o poder*, de Norberto Bobbio, e *Os intelectuais e a política no Brasil – entre o povo e a nação*, de Daniel Pécaut.

Sobre a circulação das ideias de Mannheim em outros países indicamos *Entre a economia e a política – os conceitos de periferia e democracia no desenvolvimentismo de Celso Furtado*, de Vera Alves Cepêda, e *A recepção da sociologia alemã no Brasil*, de Gláucia Villas Bôas. O capítulo "Uma concepção de mundo em Celso Furtado: ciência e perplexidade", de Marcos Costa Lima, presente em *A atualidade do pensamento de Celso Furtado* nos traz outras contribuições. O professor Alejandro Blanco faz um balanço sobre a presença de Mannheim na América Latina em *Karl Mannheim en la Formación de la Sociología Moderna en América Latina*.

Das obras do próprio Mannheim, indicamos acima de todas a leitura da obra *Ideologia e utopia* e, para uma introdução geral à sociologia indicamos a leitura do livro *Sociologia sistemática*. Sobre o tema da *cultura* e uma abordagem sobre cultura democrática indicamos *Sociologia da cultura*. Sobre a transição inicial da sociologia para a política recomendamos a coletânea publicada postumamente intitulada *Essays on Sociology and Social Psychology*. Adentrando na esfera da Ciência Política, recomendamos particularmente as obras *O homem e a sociedade* (que trata sobre temas de religião, valores, educação) e *Diagnóstico de nosso tempo*. Por fim, sua obra capital na área da Ciência Política: *Liberdade, poder e planificação democrática*, em que temas caros a Mannheim, como o controle social, a planificação para a liberdade e a democracia encontram-se em sua forma mais madura editada pelos seus assistentes Hans Gerth e Ernest K. Bramstedt e conta com uma introdução de Adolph Lowe.

Referências bibliográficas

BENDA, Julien. *A traição dos intelectuais*. São Paulo: Peixoto Neto, 2007.

BERGER, Peter L. & LUCKMANN, Thomas. *A construção social da realidade: tratado de Sociologia do Conhecimento*. Petrópolis: Vozes, 2012.

BLANCO, Alejandro. *Karl Mannheim en la Formación de la Sociología Moderna en América Latina*. Estudios Sociológicos, Colégio del Mexico, v. 27, n. 80, 2009.

BOBBIO, Norberto. *Os intelectuais e o poder – dúvidas e opções dos homens de cultura na sociedade contemporânea*. São Paulo: Editora da UNESP, 1997.

BOTTOMORE, Tom B. *As elites e a sociedade*. Rio de Janeiro: Jorge Zahar Editores, 1974.

BRANDÃO, Gildo Marçal. *Linhagens do pensamento político brasileiro*. São Paulo: Aderaldo & Rothschild, 2007.

BURKE, Peter. *Uma história social do conhecimento – de Gutenberg a Diderot*. Rio de Janeiro: Jorge Zahar, 2003.

_____. *História e teoria social*. São Paulo: Editora da UNESP, 2012.

CEPÊDA, Vera Alves. A Sociologia do Conhecimento em Karl Mannheim. Em: HAYASHI, Maria C.; RIGOLIN, Camila; KERBAUY, Maria Teresa M. (org.). *Sociologia da Ciência: primeiras aproximações*. Campinas: Átomo-Alínea, 2012a.

_____. *Entre a economia e a política – os conceitos de periferia e democracia no desenvolvimentismo de Celso Furtado*. Sinais Sociais, Rio de Janeiro, v. 7, n. 19, 2012b.

CHAUI, Marilena. *O que é ideologia*. São Paulo: Brasiliense, 2001.

CUVILLIER, Armand. *Sociologia da cultura*. Porto Alegre: Editora Globo; Editora da USP, 1975.

EAGLETON, Terry. *Ideologia – uma introdução*. São Paulo: Editora da UNESP; Editora Boitempo, 1997.

FERNANDES, Florestan. *Elementos de sociologia teórica*. São Paulo: Companhia Editora Nacional e Editora da USP,1970.

_____. *Ensaios de sociologia geral e aplicada*. São Paulo: Pioneira, 1976.

_____. *A natureza sociológica da sociologia*. São Paulo: Ática, 1980.

FORACCHI, Marialice M. (org.). *Mannheim*. São Paulo: Ática, 1982. (Coleção grandes cientistas sociais).

GIDDENS, Anthony. *Política, sociologia e teoria social: encontros com o pensamento clássico e contemporâneo*. São Paulo: Editora da UNESP, 1998.

IANNI, Octávio (org.). *Florestan Fernandes*. São Paulo: Ática, 1989. (Coleção grandes cientistas sociais).

KETTLER, David; MEJA, Volker & STEHER, Nico. *Karl Mannheim*. Ciudad de Mexico: Fondo de Cultura Económica, 1989.

KOSELLECK, Reinhart. *Futuro passado*. São Paulo: Contraponto, 2006.

LARRAIN, Jorge. *The Concept of Ideology*. London: Hutchinson, 1979.

LENK, Kurt. *El Concepto de Ideología – Comentario Crítico y Selección Sistemática de Textos*. Buenos Aires: Amorrortu Editores, 1971.

LIMA, Marcos Costa. Uma concepção de mundo em Celso Furtado: ciência e perplexidade. Em: LIMA, Marcos Costa e DAVID, Maurício Dias (org.). *A atualidade do pensamento de Celso Furtado*. São Paulo: Verbena, 2008.

LOADER, C. *The Intellectual Development of Karl Mannheim*. Cambridge: Cambridge University Press, 1985.

LÖWY, Michael. *Ideologias e ciência social – elementos para uma análise marxista*. São Paulo: Cortez, 2010.

MACHADO NETO, A. L. *Marx e Mannheim – dois aspectos da Sociologia do Conhecimento*. Salvador: Editora Progresso, 1956.

_____. *Da vigência intelectual – um estudo de sociologia das ideias*. São Paulo: Editorial Grijalbo, 1968.

_____. *Formação e temática da Sociologia do Conhecimento*. São Paulo: Editora Convívio; Editora da USP, 1979.

MANNHEIM, Karl. *Essays on Sociology and Social Psychology*. London: Routledge & Kegan Paul, 1953.

_____.Structural Analysis of Epistemology. Em: MANNHEIM, Karl. *Essays on Sociology and Social Psychology*. London: Routledge & Kegan Paul, 1953.

_____. *Sociologia sistemática*. São Paulo: Pioneira, 1962.

_____. *O homem e a sociedade – estudos sobre a estrutura social moderna*. Rio de Janeiro: Jorge Zahar Editora, 1962b.

_____. *Diagnóstico de nosso tempo*. Rio de Janeiro: Jorge Zahar Editora, 1967.

_____. *Ideologia e utopia*. Rio de Janeiro: Jorge Zahar Editora, 1972.

_____. *Liberdade, poder e planificação democrática*. São Paulo: Mestre Jou, 1972b.

_____. *Sociologia da cultura*. São Paulo: Perspectiva, 2008. (Coleção Estudos, 32).

PÉCAUT, Daniel. *Os intelectuais e a política no Brasil – entre o povo e a nação*. São Paulo: Ática, 1990.

POCOCK, J. G. A. *Linguagens do ideário político*. São Paulo: Edusp, 2003.

REMMLING, Gunter W. *The Sociology of Karl Mannheim*. London: Routledge & Kegan Paul, 1975.

RODRIGUES, Léo Peixoto. *Introdução à Sociologia do Conhecimento, da ciência e do conhecimento científico*. Passo Fundo: Editora UPF, 2005.

SARTRE, Jean-Paul. *Em defesa dos intelectuais*. São Paulo: Ática, 1994.

SIMONDS, A. P. *Karl Mannheim's Sociology of Knowledge*. Oxford: Clarendon Press, 1978.

SKINNER, Quentin. *As fundações do pensamento político moderno*. São Paulo: Companhia das Letras, 1996.

TURNER, Bryan S. *Classical Sociology*. London: Sage Publications, 1999.

VILLAS BÔAS, Gláucia. *A recepção da sociologia alemã no Brasil*. Rio de Janeiro: Toopbooks, 2006.

WIRTH, Louis. Prefácio. Em: MANNHEIM, Karl. *Ideologia e utopia*. Rio de Janeiro: Jorge Zahar Editora, 1972.

WOLF, Kurt H. *From Karl Mannheim*. New York: Oxford University Press, 1971.